2016年度三峡后续工作科研项目:三峡库区农村电子商务应用示范与推广
重庆市科学技术委员会决策咨询与管理创新重点项目:三峡库区农村电商精准扶贫对策研究
重庆市企业管理研究中心
重庆市社会科学大数据中心
共同资助

中国学术精品文库 · 管理学

Sanxia Kuqu
Nongcun Dianshang Jingzhun Fupin Yanjiu

三峡库区
农村电商精准扶贫研究

柏群 张军 刘岱 吴宗书 著

中国财经出版传媒集团
中国财政经济出版社

图书在版编目（CIP）数据

三峡库区农村电商精准扶贫研究／柏群等著．--北京：中国财政经济出版社，2019.12

ISBN 978-7-5095-9503-9

Ⅰ.①三…　Ⅱ.①柏…　Ⅲ.①农村－电子商务－扶贫－研究－中国　Ⅳ.①F713.36 ②F323.8

中国版本图书馆CIP数据核字（2019）第281627号

责任编辑：彭　波　　　责任印制：党　辉
封面设计：卜建辰　　　责任校对：张　凡

中国财政经济出版社 出版

URL：http：//www.cfeph.cn

E-mail：cfeph@cfeph.cn

社址：北京市海淀区阜成路甲28号　邮政编码：100142

营销中心电话：010-88191537

北京财经印刷厂印刷　各地新华书店经销

710×1000毫米　16开　13.5印张　200 000字

2019年12月第1版　2019年12月北京第1次印刷

定价：68.00元

ISBN 978-7-5095-9503-9

（图书出现印装问题，本社负责调换）

本社质量投诉电话：010-88190744

打击盗版举报热线：010-88191661　QQ：2242791300

前　言

电商扶贫是精准扶贫的有效抓手，也是利用新技术新模式助推脱贫攻坚的创新举措。重庆工商大学及重庆工商大学融智学院组织专家调研发现：近年来，重庆市农村电商发展迅速，17个区县（含万州、奉节等10个三峡库区区县）相继被确定为全国电子商务进农村综合示范县，2018年重庆市农产品网络交易总额达到56.7亿元，2019年1－6月，重庆市农产品网络交易总额达到45.9亿元。但重庆市三峡库区区县农村电商发展仍面临着平台效益不好、基础设施落后、品牌建设滞后、专业人才缺乏、同质化竞争严重等突出问题，结合国家“互联网+”行动计划，可以从创新运营模式、改善基础设施、加快品牌建设、健全产业链条、加强人才培养等五个方面采取有力措施，促进农村电商加快发展，助推三峡库区脱贫攻坚。

扶贫开发是事关民生、事关稳定的国家重要战略，2015年以来，中央政府多次提出“精准扶贫”，扶贫工作已进入攻坚阶段。随着互联网和农村电子商务的发展，国家对于扶贫工作也有了新的思考。2015年3月5日，政府制定“互联网+”行动计划，提出推动“互联网+电商扶贫”的发展进程。2015年8月国务院扶贫办提出将电子商务工程纳入扶贫开发体系，着力推进电商扶贫工程，有效地提高扶贫绩效。同年12月，全国扶贫开发工作会议将电商扶贫列为2016年脱贫攻坚工作“十项工程”之一。

电子商务在农村的推广应用已经成为推动“三农”发展的强大引擎。通过电子商务打通深山与外界的联系，一方面让“久藏深闺无人识”的优质农产品直接面向市场，提高贫困农民收入；另一方面促进“工业品下乡”减少贫困农民生活开支。目前，三峡库区的各区县结合自身产业特点和电商需求，瞄准贫困村的产业和贫困户的产品，以增加群众收入为核心积极推动农村传统生产、经营主体转型升级，创新商业模式，促进业务流程和组织结构的优化重组，增强产、供、销协同能力，实现O2O消费融合发展。加强与服务业企业、金融机构的合作，提高大数据分析能力。支持电子商务企业渠道下沉，拓展农村市场。充分发挥农村电子商务对农业生产的推动作用，加快农产品标准化建设，支持企业制定农产品分级、产品包装、物流配送等行业标准。引导和支持新型农业经营主体、供销合作社、扶贫龙头企业、涉农残疾人扶贫基地等自建区域性电子商务平台或与第三方电子商务平台合作。筑牢农村电商产业人才队伍架构，服务于农副土特产品展示展销、包装物流，帮助指导农民生产生活服务及网购网销，激发“万众创新、大众创业、全民营销”的电子商务发展热情。

三峡库区各区县以国家实施“互联网+”战略为契机，通过财政资金引领，整合各方面资源力量，在贫困农村扎实开展电商知识普及、电商技能培训，产销对接等活动，培育农村电商环境，推动贫困村创新发展；设立电商扶贫试点，建立村级电商服务体系，实现“三有一能”目标，即县有农村电子商务服务中心，乡有电子商务服务站，村有电子商务服务点，贫困地区群众能通过电子商务购买生产生活资料、销售自产产品等服务；结合贫困村、建档立卡贫困户脱贫规划，确立特色产业和主导产品，将贫困户的小散乱、非标准化的农产品集中规划，制定适应电子商务的农产品质量、分等分级、产品包装、业务规范等标准，推进扶贫产业标准化、规模化、品牌化；采用公司+合作社的合作构架，紧密带动了贫困户接受电商服务。线上平台为公司，线下在贫困村组建合作社。合作社以贫困户为主体，将分散、弱势的贫困户纳入电商体系，提高贫困户收入；积极支持贫困农户利用村淘、苏宁易购、微信、垂直电商等平台销售农产品的基础上，大胆创新扶贫电商模式。采用乡村旅游+农产品销售相结合，组织消费者到贫困地区消费，通过线上预订、线下消费、后备箱购买的方式，突破销售难题。地区根据自身区域特色制定相应的实践方案。由此可见，重庆三峡库区扶贫任务仍很艰巨，研究适合三峡库区农村电商发展的模式及其精准扶贫的路径，并由此带动库区移民安稳致富，事关重庆发展的大局，有着重要的现实意义。

同时，本书撰写中，张军主要撰写了第1章（部分）、第4章和第5章，刘岱主要撰写了第1章（部分）和第3章，吴宗书主要撰写了第2章和附件1、附件2等2份调研报告。重庆工商大学融智学院的吴华安、赵礼玲、李宁、李占凤、陈晴、田睿、李先冲、刘宇等老师在本书的资料收集、整理、分析和实地调研、统计和分析中提供了大量的帮助；另外，重庆工商大学商务策划学院的李欣蔚、郑荣等硕士研究生也在本书的编写中提供了帮助。再次，感谢本书所有相关团队成员的共同努力！

本书受到2016年度三峡后续工作科研项目：“三峡库区农村电子商务应用示范与推广”、重庆市科学技术委员会“决策咨询与管理创新”重点项目：三峡库区农村电商精准扶贫对策研究（项目编号：cstc2016jccxB0125）等项目的资助。

另外，本书在写作过程中，还大量引用了国内外的相关文献资料，对于绝大部分文献都做了标注，如有遗漏之处，恳请谅解，并向相关文献作者表述由衷的感谢！

柏　群

2019年11月

重庆工商大学·翠湖南山

目　　录

第一章　绪　论

一、研究背景

（一）三峡库区农村经济发展

1. 三峡库区农村经济发展概况

（1）三峡库区经济持续增长。

三峡库区重庆段各地区生产总值近五年年均增长超过了9%，保持了较快增长水平，在重庆GDP中所占的比重接近40%。2017年库区国内生产总值为7264.706亿元，比1998年的193.15亿元增加了2300.65亿元，增长了11.91倍，三峡库区各区县的经济发展水平均有较大的提高，在重庆市地区生产总值占比为40%。库区社会消费品零售总额达到了2849.38亿元，同比增长了11%。库区人民生活水平显著提高，农民收入持续增加，库区农村人均纯收入12745元，比上年同期增加1140元，增长9.8%，比全市农民人均年纯收入高107元。

（2）三峡库区农村经济发展呈现梯度差距。

重庆市三峡库区内各区县农村经济发展呈梯度发展，差距较为明显。三峡库区重庆段15个区县中，只有长寿、巴南等四个区县的人均地区生产总值高于重庆市人均值，武隆、忠县等5个区县与全市人均值的差距接近2万元，而丰都、云阳、巫山、巫溪等重点扶贫区域人均地区生产总值均在2万元以下。2017年重庆市城镇居民可支配收入为32193元，云阳等五个库区区县与重庆市值差距在5000元以上；2017年重庆市农村居民人均纯收入为12638元，而三峡库区有6个区县农村居民人均纯收入与市值差距超过或接近1000元。因而三峡库区的扶贫任务仍然很艰巨。

2. 三峡库区农村“农产品进城”流通瓶颈分析

（1）库区“农产品进城”的流通渠道较单一。

根据对重庆市三峡库区的实地调研分析可知，目前，重庆市库区的“农产品进城”流通主要有两类传统的流通渠道：一是“批发—零售”流通渠道，即农产品从“农户—农产品贩销大户或经纪人—农产品批发市场—农贸市场—消费者”的流通渠道进行农产品流通；二是“农超对接”流通渠道，即农产品零售超市与农产品种植大户（或农产品生产基地）直接对接，农产品从“生产基地—超市配送中心—超市卖场—消费者”的流通渠道进行农产品流通。但是对于广大三峡库区的一般农户，特别是一些比较分散的农户和种植规模相对较小的农户，其生产的农产品要进城还很难，甚至没有渠道。

（2）库区“农产品进城”的流通环节较复杂。

重庆市大部分的农产品流通从供给地到需求地，几乎都包括产地收购、产地集货、途中运输与仓储、中转集散、销地散货、零售等流通环节，而且在某些农产品的产地/销地集货环节中，还可能需要经过两次甚至三次以上的批发集货或批发散货，农产品的生产者和消费者之间进行直接交易的占比非常少。因此，绝大部分重庆市农产品的流通环节都相对较长，流通中须经过的主体较多，需要协调和管理的矛盾与冲突也较多，这必将导致农产品流通的效率降低，而且一旦流通中的某一环节或某一板块流通受阻，会引发整个流通的中断或停滞。这必将导致农产品流通成本的急剧增长和流通风险的大大增长。

（3）库区“农产品进城”的流通成本较高。

农产品流通环节多，链条长势必会造成流通成本高且流通效率低下。一方面，三峡库区道路等级低与路况差，通达水平较低（库区行政村落间通达率仅为85%）和缺乏农产品冷链运输系统，会造成农产品在流通环节中运输时间长、损耗严重，增加了流通成本。另一方面，库区农产品供应者一般以家庭经营为主，生产规模小且分散，产品质量参差不齐；农产品流通企业规模较小，现代化水平和社会化组织程度低，无法发挥流通规模效应，造成流通成本过高。

（4）流通信息化推进速度慢、线上交易占比极小。

在重庆库区农村的农产品流通中，由于其生产供应环节大多处于农村地区或低技术应用的生产供应企业，而且，农产品流通的环节多而复杂，流程比较混乱。因此，从生产供应的上游向消费需求的下游传递农产品的相关供给信息、市场信息等一般都是逐级传递。同时，库区农村农产品流通信息技术的应用还大多依赖于传统的电话、传真、订单等传统设施设备和传递形式。这样的静态流通信息传递方式，往往会导致流农产品通信息传递的滞后、失真，甚至信息“孤岛”。目前，能够实时动态跟踪、监测农产品流通过程，并进行实时控制和管理农产品流通过程的应用范围与程度都还很不足。整个农产品流通体系的信息不能实现实时共享与传递，专业数据库/信息库的发展与建立，也有待进一步的丰富和完善。

3. 三峡库区农村“工业品下乡”流通“瓶颈”分析

（1）三峡库区“工业品下乡”流通效率低。

库区内商贸流通业大多为乡镇企业和个体工商户，个体工商户及微小企业比重太大，资金和技术力量十分薄弱，经营者的管理水平和信息化水平低下。全年商贸服务业从业户数近 3.97 万户，个体工商户 34100 余户。这样“小、散、乱、差”的局面导致“工业品下乡”流通效率极为低。

（2）三峡库区“工业品下乡”流通企业少。

由于库区需求规模相对偏小，自营物流又比较盛行，大大制约了规模化、规范化、社会化大型流通企业的发展，直接制约了库区的“工业品下乡”的流通能力。以开县为例，限额以上商贸流通企业只有 165 户，还不到全县商贸企业总数的 3%，占全县商贸主体的比重仅 0.4%。

（3）三峡库区“下乡工业品”消费价格偏高。

2017 年，重庆库区农村人均生活消费支出 10520 元，同比增长了 11%，其中，6 个区县的农村人均生活消费支出超过了全市平均水平，4 个区县农村人均生活消费支出在农村人均纯收入的占比超过了 90%。其主要原因是库区“工业品下乡”中的流通环节相对较长、流通主体增加后导致附加到工业品上的流通成本增加。目前，库区“工业品下乡”主要靠汽车运输，加上空载率偏多，致使物流运输成本也相对较高。此外，仓储以及装卸搬运成本也因为缺乏现代化的设施设备和作业手段造成成本普遍较高。这都必将叠加到库区农产品流通成本中，因此，库区农村购买的工业品价格也必然相对偏高。

（二）三峡库区精准扶贫发展

扶贫开发是事关民生、事关稳定的国家重要战略，2015 年以来，中央政府多次提出“精准扶贫”，扶贫工作已进入攻坚阶段。随着互联网和农村电子商务的发展，国家对于扶贫工作也有了新的思考。2015 年 3 月 5 日，政府制定“互联网 +”行动计划，提出推动“互联网 + 电商扶贫”的发展进程。2015 年 8 月国务院扶贫办提出将电子商务工程纳入扶贫开发体系，着力推进电商扶贫工程，有效地提高扶贫绩效。同年 12 月，全国扶贫开发工作会议将电商扶贫列为 2016 年脱贫攻坚工作“十项工程”之一。

在重庆直辖市成立之初，共有 11 个国家级贫困县、7 个省级贫困县，其中三峡库区有国家级贫困县 7 个，市级贫困县 4 个。2014 年开始，为推动农村流通现代化，完善农村现代市场体系，商务部选取全国 8 个省份试点开展电子商务进农村综合示范工作。同时，为贯彻落实 2016 年《中共中央、国务院关于打赢脱贫攻坚战的决定》精神，从 2016 年起，综合示范向贫困地区倾斜，并增加国务院扶贫办为工作牵头部门。重庆累计有 17 个区县被纳入全国电子商务进农村示范工程，其中三峡库区共有石柱县、云阳县、忠县、丰都县、武隆县、开县、奉节县、巫山县、巫溪县、万州区等 10 个区县，万州、丰都等库区虽然先后在 2016 年以后陆续脱贫“摘帽”，但由于产业发展“空心化”等原因，库区安稳致富、阻断返贫的压力仍然很大。

近年来，重庆三峡库区地区生产总值和库区人民生活都有了显著提高，但库区农村经济仍呈梯度差距，且差距较为明显。2017 年三峡库区人均 GDP 为 4.65 万元，仅为重庆市的 81%。2017 年，重庆农林牧渔业总产值达到了 20093608 万元，三峡库区农林牧渔业总产值也达到了 9814229 万元，但库区内农村经济的地域差别较大，以 2017 年数据为例，最大产值为 1257908 万元，最小产值为 284547 万元，差距接近 100 亿元。如前所述，一方面，农民收入偏低。绝大部分三峡库区人均地区生产总值与全市人均值的差距在 2 万元左右，且重点扶贫区域远远超过了 2 万元的差距。另一方面，生活成本偏高，库区大部分区县农村生活消费支出超过或接近 90%。因而库区扶贫任务仍很艰巨。

（三）农村电子商务发展

近年来，重庆通过培育壮大涉农电子商务平台、促进传统涉农组织开拓网上市场、提升农村消费者应用电子商务的能力和水平、完善农村电子商务基础环境等工作，积极推动农村电子商务发展，取得了较好的效果。据不完全统计，2018 年重庆网络交易额实现 1.1 万亿元，比 2017 年同比增长 9.8%；网络零售额实现 960 亿元，同比增长 28.6%；农村网络零售额实现 184 亿元，同比增长 21.3%；农产品网络零售额实现 57 亿元，同比增长 78.9%。

1. 农村电子商务基础环境良好

随着库区农村信息基础条件逐步改善，“行政村通宽带”工程加速推进，库区已通光纤行政村达到5843个，行政村光纤通达率近70%，农村信息基础水平跃居西部前列。库区农村快递末端服务水平较大提升，邮路农村投递段道达到1776条，投递总里程77870公里，覆盖所有行政村；实施了“快递下乡”工程，圆通、中通、申通、汇通、韵达等快递企业在库区的街道乡镇布点建设了300多个“快递下乡”网点。

2. 涉农电子商务平台快速培育

目前，重庆市已涌现出香满园、畜牧产品交易网、奇易网、土优鲜、田园优选、鲜立达、天农八部等一批特色鲜明的农产品电子商务企业。由重庆科牧科技有限公司打造的“畜牧产品交易网”，是目前国内唯一一个畜牧产品交易的综合型电商自建平台，也是商务部明确的重庆26家典型电子商务服务企业之一。

3. 传统涉农企业积极触网营销

重庆市通过政策引导、资金扶持等措施，支持鼓励流通、农业、加工企业积极利用电子商务开展网上营销，取得了较好效果。目前，涪陵榨菜、永川豆豉、白市驿板鸭、磁器口陈麻花等一批知名品牌在天猫、京东、苏宁易购等第三方平台开设旗舰店、专卖店进行网上销售；牛浪汉、梅香园、酒民朗等通过第三方代运营在淘宝、天猫、京东等平台销售，深受消费者喜爱；四季菜园、吴小平葡萄、兴宏生态牛肉等20家农业企业利用以企业微信营销为主的“农企宝”电商平台开展网上营销。尽管各企业积极探索电子商务网络销售，但是效果并不明显，多数网销占比低于总销售量的5%。

4. 农特产品网上购销对接有一定成效

截至2018年10月，已累计组织1万多家涉农企业、专业合作社、种养大户和经纪人等参加商务部新农村商网组织的农产品网上购销对接，发布供求信息近2万条，累计促成农产品网上交易额近70亿元，综合排名连续多年位列全国前三。重庆市农委建成农产品产销对接平台，目前入库相关信息280余万条，特色基地、种养大户、龙头企业及农村经纪人等服务对象资源10万余条。但是，由于缺乏专业的电商运营管理人才，农特产品网上购销对接后尚难以发挥更大的作用。

（四）三峡库区农村电子商务发展中的主要问题

总体来看，重庆市农村电子商务领域虽然有了一定的发展基础，但是三峡库区农村电子商务尚处于起步阶段，还存在不少问题与“瓶颈”。

1. 三峡库区农村电子商务发展不够重视

库区的部分区县对农村电子商务发展认识不足，缺乏农村电子商务及网络消费产品发展的系统规划与布局，对于农村电子商务的发展多数处于自治发展状况。库区多数区县针对农村电子商务发展的相关扶持政策相对缺乏，如入驻的企业或商户简化办证、减免场地租金、税收减免、物流补贴等。部分传统企业由于传统销售渠道销售状况良好，企业发展电子商务动力不足。开展电子商务的传统企业由于缺乏专业网络营销团队的支撑，网络销售预期效果不佳，导致缺乏大力发展农村电子商务销售的动力。

2. 专门针对三峡库区的农村电商平台缺乏

虽然重庆目前诸如香满园、奇易网、土优鲜、田园优选、鲜立达等特色农产品电子商务企业有一定的运营规模，但是专门针对三峡库区农村的农产品而专门构建的线上交易平台还极其缺乏，甚至也没有在一些大型电商平台（如京东、天猫等）上专门针对三峡库区的农村的农产品专门开设农产品网店，另外，如京东、天猫等网上交易平台对于借助其平台进行农产品网上销售的门槛费用相对较高，库区的农户基本上很难承受。因此，三峡库区农村的农产品很难通过目前的线上交易平台进行网上销售。

3. 三峡库区农村电子商务专门人才严重不足

电子商务的快速发展，本身就存在人才缺乏的问题，企业也普遍反映缺少电商物流专业人才，三峡库区的农村由于地处偏远而且其进行农村电子商务运营、管理及维护的工作环境、生活环境、工资待遇等都还有待进一步大力改善，同时，三峡库区农村农户的文化水平相对较低，其专业化的电子商务运营、管理及维护能力基础也相对低得多。目前，三峡库区农村电商运营，特别是创业人才还严重缺乏。

4. 三峡库区电商物流配送体系不够完善

重庆属于山区，导致不管是商品送进还是产品送出，都存在成本高、时间长等问题，成为制约重庆农村电子商务发展的“瓶颈”。同时，冷链物流的相对欠缺，保鲜技术、储存能力、配送力量等存在差距，也掣肘了农产品的网上销售。农村物流配送体系建设有待加强，专业化第三方物流业发展滞后，农产品电商物流“最初一公里”、工业品下乡进村“最后一公里”问题仍然是困扰农村电子商务发展的薄弱环节。

二、研究思路与研究方法

（一）研究思路

通过对三峡库区扶贫情况及库区农村电子商务发展的环境和现状等多方面的调研，全面掌握三峡库区农村电子商务发展及其扶贫进展，结合三峡库区的实际，探索“电商企业（核心）+政府+农村电商服务站+农户（含贫困户）”“电商企业+政府+合作社+种植大户（核心）+农户（含贫困户）”“流通企业（核心）+电商平台+政府+农户（含贫困户）”等几种库区农村电商精准扶贫模式的适用条件和范围，从农村电子商务模式运营平台（APP）开发与运营、农村电子商务配套物流配送体系设置、农村电子商务人才培训、农村电子商务运营与推广、农商对接、农户专业技能培养等方面探讨三峡库区农村电商精准扶贫模式的实现路径，最后就如何协调推进三峡库区农村电商精准扶贫的支持对策等进行建议，为政府决策提供参考。研究的技术路线见图1.1。

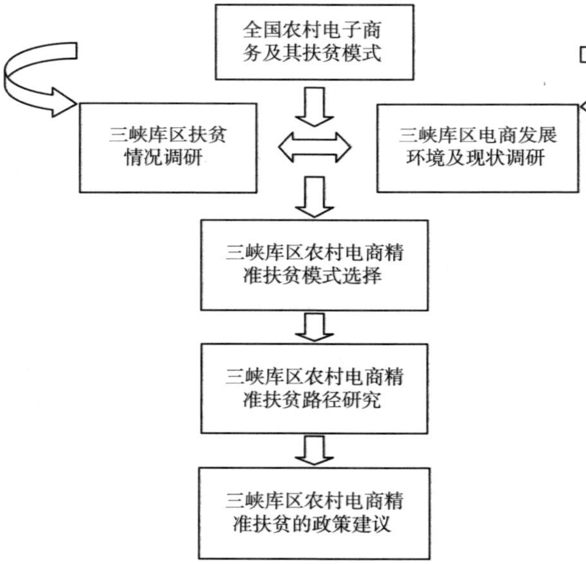

图1.1　项目技术路线

（二）研究方法

1. 实地调查法

调研并收集库区扶贫及库区农村电商发展的环境和应用现状等，

全面获取库区农村电商应用现状、库区农业、农特及农副加工品、库区农产品经营主体、城乡商贸流通体系、人才供给等相关一手资料。

2. 比较分析法

对库区已经开设“特色农副产品线下体验店 + 电子商务线上交易平台”的农村电子商务模式进行分析，比较现有的“村官”模式和特色农副产品种植大户模式运营的条件及其不足，从而找到适合三峡库区农村电商精准扶贫模式。

三、国内外研究现状

（一）国外研究现状

1. 国外农村互联网经济发展研究现状

普尔（Poole，2001）通过对农村电商的发展情况进行研究，认为农村电商的成长可以快速推动不同产业结构的数字信息共享速度，保持农产品市场的公开性和透明性。哈飞克（Halfacree，2006）认为各个国家在农业生产发展过程中，都是采用了“后生产主义”农业转型理念，该理念的内容来引导农村经济的转型。路易斯·加西亚（Ruiz Garcial，2010）等对农产品的整个循环经济进行了深入分析，提出数字化系统指引下的农产品供应链循环过程更加利于对农产品市场销售的管理，因此需要在农村地区大力推广互联网，通过建立网络平台来促进农产品的销售、推广等。阿克里奇（Akridge，2010）认为互联网可以从根本上解决农产品销售渠道这一难题，他探讨了在农村展开互联网建设，促进农产品的销售方式的转变，即由线下转为线上的销售方式，可以促进农村经济发展。

2. 国外农村电商发展研究现状

波斯纳（Posner，1961）认为要想更好地发展农村电子商务产业，必须有完善的网络基础设施，同时还要提高农民的科学文化素养，才能提升人力资源价值，推动农村电商产业集聚。威尔逊（Wilson，2000）认为农产品电子商务可以消除时空因素对农产品流通的限制、减少产品流通环节、降低产品流通成本、将电子商务引入农产品市场，有利于在更大的空间上整合农产品市场，实现产销对接，这样就能减少农产品流通环节、有效降低农产品交易成本、提升农产品价格透明度、提高生产端的利润。穆勒（Mueller，2000）经过研究认为农产品电子商务最终将改变农业生产经营状况，这对农村经济发展会产生深远影响。普尔（Poole，2001）发现农村电商的成长能够加速生产商之间沟通信息的流动，促进产业协调发展，将大大提高市场和产品价格的开放性和透明度。霍普金斯和莫尔哈特（Hopkins & Morehart，2001）研究得出，截至2000年年底，美国网上交易额高达6.65亿美元，其中农产品交易额占总量的0.33%，这份数据说明了整个电商大范围的发展能够较好地带动农村电子商务的发展。妮科尔·勒鲁（Nicole Leroux，2001）基于农产品的特殊性，提出产业结构、产品复杂性和交易高接触性是制约农村电商发展的主导因素。鲍拉基斯（Baourakis，2002）通过对希腊克里特岛上的农业进行研究，并对当地农产品的生产者和消费者使用电子商务模式实施交易，分析了农产品与电子商务之间的关联性，发现了电子商务对于农产品生产和消费者之间的重要性。同时也发现了农产品的自然特性、物流效率、网络基础设备的缺乏会阻碍农产品电子商务的发展。图里（Tuli，2004）发现农村消费者具有特别的习惯和行为、营销人员发现将在城市的营销技巧直接套用在农村消费者非常困难的。温（Wen，2007）针对农村电子商务提出一种知识型智能农产品电子商务系统，系统不仅提供农产品的销售、财务分析和销售预测，还提供了解决结果的可行方案或行动指南。智能系统集成了一个数据库，规则库和模型库创建了一个工具，管理人员可以使用互联网来处理决策问题。规则库中的规则详细介绍了推理的过程，最后结合 GPS 电子地图应用，向客户提供便捷配送和人性化服务。马蒂（Martyn，2007）调查了英国农村区域烟草产品销售的情况，认为农民对网络使用率很低，导致英国农产品电商模式的发展非常缓慢。亚利桑扎德（Aryanezhad，2009）指出 21 世纪物流产业举足轻重的作用，在农业电子商务发展的过程中，必须发展好物流产业作为农业电商发展的基础。马努塞力斯（Manouselis，2009）等对希腊农产品电子商务市场进行了抽样调查，通过描述性分析，认为希腊农产品电商产业发展趋势良好，出现了许多中小型农村电商企业，但企业的农村电商专业知识和技术储备还不够，农村地区的基础设施仍然不完善，还无法达到国际水平。威金斯、柯尔斯顿和利亚比（Wiggins，Kirsten & Llambí，2010）认为农业电商市场发展到了一个全新的阶段，不再拘泥于国界的限制，实现了农业电商业务的国际化。鲁伊斯—加西亚、斯坦伯格和罗斯蒙德（Ruiz-Garcia，Steinberger & Rothmund，2010）分析了在农产品电子商务中农产品在交易过程中实地跟踪和物流信息的在线查询问题，指出利用网络信息化系统可以显著地提高农产品供应链的配送查询与信息跟踪的效率。波斯纳（Posner，2010）认为农村电子商务发展的关键在于有足够完备的网络通信基础设施作为其发展的基础，网络通信是电子商务的核心。同时，农村电子商务不同于一般电子商务，其所面对的群体是农民，相对地，农村的科技信息素养较城市要低一些，所以要发展农村电子商务还需要重点提高农民的科技素养。博迪尼和萨诺利（Bodini & Zanoli，2011）发现英国农业电商所提供的服务涵盖各种方面，包括最常见的农机、农产品，以及后些年才发展起来的农业金融等，以 B2B 模式为介质，其中农场在线较为著名。赛亚·卡班达（Saiah Kabanda，2012）基于组织协同性的角度，提出缺乏有效的组织管理支持是制约农村电商发展的“瓶颈”。加蒂埃、戴维－

本和苏伯维（Galtier，David-Benz & Subervie，2014）从农产品交易领域出发，分析了市场信息系统（MIS）的不同模式与创新之处，提出了要持续完善及优化市场信息系统（MIS），通过透明程度更好的市场交易流程支持农产品电子商务的发展。亚辛（Yaseen，2015）等认为政府在农村电子商务产业发展过程中起着非常重要的作用，政府不仅可以通过报纸、广播、电视等媒体渠道宣传电子商务相关知识文化，加深人们对电子商务的认识和理解程度，还可以制定并实施相关的政策法规，以进一步促进电子商务的发展，保护消费者权益。拉娜·迪贾万·安瓦里（Rana Deijavan Anvari，2016）认为地方政府对农村电商的准备程度和群众对农村电商的需求有很大的差距。玛丽贝尔（Maribel，2016）基于区域协同发展的视角，将农村电商发展的模式归纳为以下三种模式：（1）A2A 模式（area to area），即通过一套有组织、完善的销售网络系统，在网上建立农贸市场，并定期进行信息收集和反馈的模式。（2）A2B 模式（area of business），即通过建立一个农业信息收集的领域，在第三方物流系统的帮助下，完成网上交易。（3）B2A 模式，并在此基础上提出了农村区域协同电子商务模式，并探讨了农村电子商务，在动态规划、物流业务匹配和人机交互技术、农业知识搜索引擎中要解决的关键技术。达尔维特（Dalvit，2017）基于电商融资角度，提出了农村电商和金融机构结合的盈利发展模式，他认为合理利用资本的作用，在结合金融工具方面促进电商运营的规模与质量的同时，收获更大的效益，是农村电商发展的关键所在。图维（Turvey，2017）认为从政策角度来看，金融教育和农村信贷准入政策待完善是制约农村电商发展的主要因素。塔尼娅·费雷拉（Tania Ferreira，2017）从用户需求的角度出发，提出了一种将农村电商与商业智能相结合的发展模式，即通过获取关于电商的客户知识、分析客户的行为、发现采购模式，从而改善与客户的关系管理，并获得更好的库存管理、营销行动以及财务绩效等。萨尼亚·亚丁和拉杰妮·帕马（Sanya Yadav & Rajni Parmar，2017）认为互联网技术可以作为对付农村地区不发达条件的武器，它很容易成为交换信息、提供服务，与公民、商业模块和政府其他部门进行交易的展示场所，因此，它提高了农村居民的公共服务效率和提供服务。

3. 国外农村电商扶贫发展研究现状

巴里（Barry，1992）认为农业生产及流通除了可以在公开市场交易外，也可通过与策略联盟、合作伙伴等非农业部门的合作促成产业的发展。宾斯万格（Binswanger，1993）等分析了基础设施与农业产出的关系，表明了基础设施对于产业的发展具有显著的贡献。莫哈特（Morehart，2000）等研究指出，电子商务化是农村农产品未来发展的必然趋势。缪勒（Mueller，2000）认为农村电商终将会改变传统农业生产经营方式，带动农村地区的经济发展。里瓦尼（RIvanic，2001）指出，电子商务的发展已经从根本上改变了人们的生活方式，农产品的销售方式模式也趋于多样化。普尔（Poole，2001）认为，农村电商有别于传统模式的市场交易，在信息沟通、价格上更加清晰、明了，有助于促成市场的良性发展。农村电商与传统的市场交易不同，农村电商的发展可以促进信息流动，并发现农村电子商务的发展可以加快信息的流动，促进产业协调、市场开放和公开产品价格。方便产业协调、提高市场的公开与透明，促进市场良性发展。同时，在他看来，农村电子商务的发展要从两个方面入手，一是促进农业市场运营公开化，提升发现价格的能力；二是重视信息的沟通，协调相关利益关系。鲍尔基斯（Baourakis，2002）深入研究了克里特岛的农业发展状况，并对当地农产品生产者与消费者利用电子商务模式的具体情况进行了调查分析，通过分析农产品与电子商务之间的关系提出了电子商务在农产品生产和消费领域具有重要作用的结论。不仅如此，他同时还提出，农产品自然属性减弱或者网络设备不完善都不利于电子商务在农产品发展中的应用。阿妮塔·卡莱尔—维塔（Anita Kelles-Viitanen，2005）经过研究发现，先进的技术可以帮助贫困地区经济实现跨越式发展，克服原有的经济发展困难，吸引贫困群体的参与积极性。温（Wen，2007）基于知识管理的农村电商，创新构建农村电商商务模式，并以经济知识为基础，提出了建立智能农产品电子销售系统的构想，他认为农产品电子商务模式能促进农产品销售管理。里格登（Reardon，2009）等对中欧、中美洲、东欧及泰国等国进行研究印证了农产品流通方式改革后农超对接模式的增多。路易斯·加西亚（Ruiz Garcial，2010）指出利用互联网管理信息系统能极大地提升农产品运输物流查询与跟踪速度，并提出，由互联网统一管理的信息管理系统能够实现数据存储、处理、传输一体化，查询和跟踪农产品物流的效率能大大提高。艾利（Ali，2011）指出，导致农民经济条件不如意的根本原因在于信息通讯技术不仅能帮助发展中国家开展扶贫工作，也能够从政治、经济和社会等方面帮助贫困户脱贫。法兰克·加尔蒂埃（Franck Galtier，2014）从农产品市场交易入手，对市场信息系统各种模式以及创新之处进行了分析，他认为要进一步完善农产品市场信息系统，提高市场透明度，促进农产品电子商务的发展。加尔蒂埃（Galtier，2014）等基于农产品交易领域，分析了市场信息系统的不同模式与创新之处，指出发展农村电商需要持续完善及优化市场信息系统。

4. 国外农村电商物流发展研究现状

韦伯斯特瑞塔尔（Websteretal，2000）研究了在短周期商品的销售中，生产商对在线商家没有销售出去的产品在季度末按照一定的折扣进行回收的情况，并且对需求不确定情况下的退货政策进行了探讨。穆尼阿夫、卡尔和伦斯堡（Muniafu，Kar & Rensburg，2005）分析了南非农村的物流现状及发展思路，并提出利用仿真模型和协作技术来促进农村地区的物流发展，来改善农村经济水平。韦尔德雷登（Weltevreden，2008）研究了荷兰及瑞典的百货 B2C 电商的 CODPS（collection-and-delivery points）配送模式的发展情况。迈克尔·西库塔（Michael Sykuta，2009）认为，信息系统是整个农产品电商物流中至关重要的一环，它关系到库存管理和高效率物流链的方方面面，有必要建立互联网大容量存储与传输的信息数据系统。阿布迪（Abdi，2010）通过研究肯尼亚两个地区的农村物流及农村运输费用，指出了影响农村物流发展的因素，并指出物流基础设施是影响农村物流发展的关键。克里斯多夫（Christophe，2010）阐述了农村相比于城市在电子商务购物中在物流、支付等方面处于劣势。林和席德（Lim & Shiode，2011）通过对韩国现有包裹运输公司的物流服务数据的分析验证了需求增长与包裹配送网络仿真系统的可行性，并指出现有物流配送服务可应对网购需求。阿尔瓦雷斯和温贝托（Alvarez & Humberto，2013）等人把各种农产品的特点、不同地区的情况、不同运输设备的适用范围纳入了考虑范围，建立了以最低运输成本为目标的巴拿马农产品供应链模型。梅曼（Mehman，2016）总结了德国农产品物流主要是散货物流，作者认为采用第四方物流模式进行农产品运输可以实现可持续发展，通过案例计算出采用第四方物流可节约成本38%，并且能够减少环境污染。斯坦尼斯拉夫·伊万和金加·基耶斯卡·贾斯蒂纳·莱姆克（Stanisław Iwan & Kinga Kijewska Justyna Lemke，2016）分析了B2C电子商务市场的现状，指出其市场份额的增长增加了城市物流“最后一公里”交货的重要性，同样也会影响农村物流配送。

（二）国内研究现状

1. 国内农村互联网经济发展研究现状

王婧玮（2015）以山东某镇为研究对象，以“互联网+”作为研究背景，针对该镇农产品以及经济发展的水准作为基本出发点，研究了该镇关于农村电商的发展态势。李红媛（2016）认为在农业生产中运用互联网可以促使农业资源的配置水平得到提升，升级农产品销售模式，促进我国农村经济的发展。常艳妮（2016）从“互联网+信息、生产、销售、技术和创新”等角度入手，深入分析农村大力发展“互联网+”的可行性及对农业经济的推动作用，并结合实际提出有针对性、可操作性的政策建议。周宇宏（2016）基于对邢台市清河县的几个典型淘宝村实地调查访谈，深入探索“互联网+”对清河县经济发展的模式，进而概括出“互联网+”形势下农村经济转型与蜕变的大致规律与走向。张翘楚（2016）认为，黑龙江省作为现代农业综合改革配套试验区，推进农村“互联网+”发展，探索推进信息化与农业现代化、新型工业化、新型城镇化纵深结合，产生迭加效应，为全国粮食主产区实现“四化同步”做示范引领，促进了黑龙江农村经济提档升级，实现“弯道超车”。樊文翔（2016）分析了“互联网+农村合作经济组织”发展模式主要作用及发展中可能会遇到的现实障碍，对这一新模式的发展前景进行了探讨。郑达（2016）提出了疏通优化互联网资源利用路径要从根治理，并且根据各个路径节点上所出现的问题提出优化建议。惠文静（2016）认为利用“互联网+现代农业”电商模式对猕猴桃果品进行集中销售，开展“大数据精准营销平台+电商销售平台”“电商销售平台+精准营销平台”等双轮驱动商业模式，能够满足当地电商和淘宝卖家等不同电商在各个阶段的规模增长诉求。杨艳（2017）认为在多元的市场经济背景下，消费者在强调产品或服务质量时，也逐渐重视产品或服务的专业化、个性化。市场细分应以市场为导向，以消费群体为核心，充分考虑产品性质、市场同质情况、产品生命周期等因素。李百华、刘上千和包彩凤（2017）通过对河北省7个电子商务进农村综合示范县进行调查研究，梳理与总结了河北省整体农村互联网经济发展现状，并针对农村互联网经济发展问题提出了相应的对策建议。申琦（2017）从产品、人才培养、平台建设和大数据的运用，分析、探索了博兴县湾头村的电子商务发展现状，从品牌建设、产业园建设、政府扶持等方面提出了相应的建议与对策。陈冠仲、黄夏琼和汪秉晶（2017）以宁波市为例，探究宁波市“互联网 + 农村”经济新模式，计算并预测市场对农产品的需求和供给，认为建立农村生产系统、“互联网 + 销售”尽可能地减少中间商。朱海波、熊雪和孔祥臣（2017）认为应基于贫困地区的自然生态资源禀赋，以本地优质农产品为抓手，打造区域公共农产品品牌，建构以农村电商企业为主导的电商产业链，产业链上各主体实行专业化分工与协作的组织模式，通过互联网终端需求反馈机制，逆向安排产业链前端的农产品生产形态，以此培育一个可持续的、稳固的、不断发展的产业形态，助推贫困地区的农村经济发展与脱贫攻坚。牛佳佳（2017）认为我国经济发展进入了新时期，“互联网 +”已充分融入人们的日常生活中，农业正在成为移动互联网的下一个风口，抓住机遇发展农村经济，成为农村发展中的重要任务，就“互联网 +”视域下农村经济发展进行研究。谢瑞朝（2017）分析了农业供给侧改革下现代农业发展的整体思路。杨海涛（2018）对从农村电商推动其农村产业结构转型升级的方向思考并提出推动杭州市农村产业结构转型升级的策略保障。余曼琳（2018）讨论了各种模式的优缺点以及发展情况，详细描述了青岛市农业电商的发展现状，从各种角度来描绘了青岛市农业电商未来发展的蓝图。黄勇智（2018）结合无锡阳山镇当地的自然地理和人文环境，利用互联网等先进的科学技术，成立自己的特色电子商务体系，促进当地的经济发展和改革转型。白雅玺、臧海霞（2018）分析互联网对我国农业经济发展的影响，并提出新时代背景下加快农业经济发展的措施。陈嘉欣、李丹（2018）认为可以利用大数据、互联网等现代技术来解决贫困问题，重点是将电子商务融入农业产业，重新加工和包装的农村产品，通过网站可以销往世界各地，同时为农民提供对称的信息来改善生产。在建立网站的过程中存在技术问题和提高产品竞争力的问题，与传统的销售模式相比，新的商业模式可以增加农民的收入，实现精准的扶贫。王云龙（2018）认为在互联网逐步渗透到所有领域，对传统产业重新塑造，并催生出各种新兴产业，同时激发了现代农业的迭代升级，加上政策的鼓励和支持，资本的不断涌入，为农村经济转型和新型产业的发展起到带动作用。熊婧涵（2018）在“互联网+”大背景下，从我国农业经济形势变化的角度出发，以江西省为例，对其农村经济发展模式作出了一定的探究。蓝海涛、周振（2018）认为目前“互联网+农村经济”的制度供给还不完善，存在若干“瓶颈”问题。对此，政府要把“互联网+”促进农村经济转型升级作为实现产业兴旺目标的战略抓手，着力提高政府部门管理效能，加大财政投资力度，优化补贴结构和方式，提高补贴效率，完善公共服务，增强基础设施和装备支撑，改善外部环境，加大多边银行信贷支持，引导民营经济主体加大投资。顿贝妮、刘琪（2019）以洪湖市为例，分析“互联网+农业”的发展概况，浅析洪湖市农村特色经济转型发展出现的问题，并提出促进“互联网+农业”时代农村特色经济发展转型的策略。李沂泓、张文豪（2019）立足于互联网信息技术在农村的发展现状，以淘宝村为例，深入分析了淘宝村的发展路径及互联网对农村经济的促进和带动作用，同时探讨了现阶段淘宝村模式发展的“瓶颈”，为淘宝村模式的提升提供优化整合建议。周平（2019）认为只有发展“互联网+农业”战略，中国农业经济才会实现长足发展，农业才能走向现代化，论述了中国农业经济与“互联网+”战略的对接，为推动其发展，提出了相关的建议。

2. 国内农村电商发展研究现状

孙伟（2016）指出以网络信息平台为基础的农村电子商务在此时拉开了农业发展的新序幕，为我国农业经济的发展带来巨大的成本效益、经济效益和社会效益。洪勇（2016）认为农村电子商务有以下发展趋势：一是农村跨境电子商务日益兴起；二是农村电商生态体系逐步完善；三是农村电商产业链向两端延伸，线上线下融合，多渠道拓展。并在此基础上提出了我国发展农村电子商务的政策建议：完善农村电商服务体系，加强农村电商人才培养，完善产品质量追溯体系，实施品牌化、差异化策略，完善农村电商基础设施，探索农村电商金融路径。张柯（2016）提出了农村电商发展的“双驱动力”模型以及农村电商劳动力安置模型，指出政府及相关企业应积极参与吸引人才、安置农村剩余劳动力、转变农村传统消费观念以及创造消费需求。白灵（2016）根据晋中市实际情况，具体提出了政策引导传统农业转型、加强政府基础设施建设、创新人才培养体系、建立健全法律法规等对应措施，以及对策实施过程中的一些经济、经营保障措施。黄霖（2016）提出连州市农村电商发展的具体策略是推进农产品规模生产及标准化进程、完善农产品物流体系、以“农村淘宝”为抓手引领发展、整合利用其他方式推进发展和培养农村电子商务专业人才。闫新建（2016）对京东、阿里、苏宁这三大主流电商平台和中国邮政在农村电商开展中的信息流、物流、资金流进行了一一分析，肯定了开展农村电商为农村市场带来的各种生活便利和普惠金融，为农民开展农业活动和提高收入创造了另一种途径，同时也针对农民的主要生产品——生鲜品类在电商平台销售时选用模式进行了分析对比，考虑到农民尤其是贫困地区农民目前的互联网经验，提出了合理化建议，提倡选择平台直营模式，以规避自己的资金风险和损失。王屹（2017）通过分析以往学者对农村电商评价体系的研究，以及结合国内“世纪之村”电商平台的具体案例，综合考量后，为体系建立了 8 个一级指标和 20 个二级指标。可以预见，在未来相当长的一段时间内，农村电商依然会如火如荼地发展下去。汤飞（2017）认为苏宁的 O2O 模式是较为领先的商业模式，面对农村市场甚至比城市市场更具优势，苏宁农村电商 O2O 模式值得互联网乃至传统企业借鉴。张滢（2017）重新对农村电商的模式进行划分，并对不同电商模式的机制进行分析，针对农村电商的发展现状提出了几条共生发展的路径。王康（2017）定位杭州市“村邮乐购”农产品营销的模式，指出通过加强政策扶持、加大宣传、监督力度、建立品牌效应、优化区域配置和提高物流水准的方法，创新中国农产品的营销模式，助推杭州市“村邮乐购”的营销模式有序发展。杨春琦（2017）就重庆市农村电商发展的现状及其面临的问题进行描述性分析，认为重庆农村电商发展仍较为滞后，还处在探索阶段，以此为依据探讨了相应的优化政策，以期促进重庆农村电商的发展。金标旺（2017）选取了义乌作为研究对象，研究结果认为物质支持体系、人文社会支持体系、管理与应用支持体系以及政策和管理支持体系等四大支持体系是农村电商发展的基础条件，农村电商支持体系是一个复杂的有机系统，农村电商的产业特征决定了农村电商支持体系的内容，农村电商发展有城乡差异、技术驱动、农业现代化驱动和政策驱动四个驱动力。杨永超（2017）指出我国农业生产结构性矛盾问题是由于供需信息不对称、生产与需求脱离造成的，要解决这一问题就必须充分发挥电商信息平台的作用，加快生产端与需求端之间的信息传递。王少辉（2017）指出当前我国农村电商融合创新面临的三大“瓶颈”，即农产品电商标准化程度低、食品安全与质量难以溯源，物流体系不健全、配送成本高，基于电商的新型供应链运作尚未成熟，并在此基础上提出促进农村电商融合创新的建议。张晓晓（2018）研究了丹江口市政府推动当地农村电商产业发展，得出结论认为农村电商的发展离不开地方政府，地方政府作为地区经济的调控主体，起着关键的宏观调控作用。李英雪（2018）研究了影响河北省农村电商的商业模式发展的因素，提出了合理科学管理企业资源、建立与加强企业品类壁垒、重视与提升顾客满意度与完善优化企业营销策略等关于农村电商商业模式未来发展的相关管理战略。单兆赓（2018）重点对当前新的发展阶段睢宁县电子商务发展的“沙集模式”进行深入研究，通过实地调研，分析沙集网销家具的产业发展现状，对睢宁县当前发展农村电子商务的优势条件和经验做法进行梳理分析，指出睢宁发展农村电子商务需要尽快改变当前“大而全”的发展状态。王红红（2018）以山东省淄博市为研究对象，探讨农村电子商务的发展思路，在人才、农产品品牌创建、农村物流、基础建设等方面给出了对策。胡静文（2018）通过对江陵县农村电商从其发展概况、发展基础、发展类型三个层面深入剖析其发展现状并对江陵县农村电商的问题及其障碍因素进行了归纳，有针对性地提出促进江陵县农村电商发展的对策建议。吴志全（2108）针对长春市农村电商现有的运营发展状况进行分析，深入了解长春农村电商发展的信息化基础、平台建设、主体参与以及区域发展情况，总结分析了目前长春地区农村发展运营的模式、过程中存在的问题以及可改进之处。李坚强（2018）指出为解决农村地区资源禀赋不均、经济形式单一、从事电商人员自身局限性等问题，应该从农村电商集群发展实际出发，创新电商集群发展模式和融资模式，推动农村电商集群可持续发展。石亚娟（2018）认为随着城市消费市场日益饱和，我国农村电商将在未来电子商务中占据较大市场份额，提出从当地实际出发，合理布局农村电商市场，运用电商信息化平台，扩展我国农产品原始产业链，构建地区特色现代化产业，能够促进我国农村经济社会实现整体发展。刘玉来（2018）从产业链发展的视角对我国农村电商主体的发展路径进行解读，并对现有农村电商主体的培育模式进行分析，针对现有模式存在的不足提出建议。皮武良（2018）提出农村电商作为“绿色转型、美丽富民”的重要突破口，不仅可以打通农产品直销渠道，加速农业现代化进程，还可以促进农民就业增收，持续推动农村流通体制改革，促进城乡基本公共服务均等化发展。进入新时代，我国农村电商经济要想获得持续健康发展就必须要搭乘乡村振兴战略的“顺风车”，运用“互联网+”思维不断推动我国农村面貌改善、农民就业增收、农业转型升级的步伐。王森、魏晓蓓（2018）提出“返乡+创业”和“销售+生产”组成的农村电商聚集化“2+”模式，成为促进农村创业就业和农村经济产业化重要的发展路径，也是实施乡村振兴战略的重要方式。刘静娴、沈文星（2018）研究了两个典型的农村电子商务示范县，总结了其电商模式，并比较分析了两地模式参与方的职能和关系，提出了发展农村电商的建议。王雪（2019）基于我国农村电商发展现状，深入分析了农村电商发展过程存在的主要问题，并提出在美丽乡村建设背景下以“互联网+”推动农村电商持续发展的模式路径。陈宇（2019）认为共享经济是利用互联网技术对社会闲置资源进行重新整合、分享以及再利用的全新商业模式，对我国经济社会发展具有深远影响。运用共享经济理念优化农村电商发展模式，能够有效促进乡村产业振兴。杨爱君（2019）着重分析了农业供给侧结构性改革中农村电商发展的新动态、新机遇以及新挑战，推动电子商务健康持续务实的发展。庞爱玲（2019）对农村电商运营主体培育困难、市场运营问题及物流配送短板等农村电子商务发展中的困境做深入剖析，给出强化农村电商运营主体培育，优化农村电商市场运营模式和完善农村电商物流体系建设等破解困境的路径。徐天睿（2019）提出了对农村电子商务服务站运营以及今后发展的对策：第一，引入先进理念，发展新兴模式；第二，加大宣传力度，抓住政策机遇；第三，加大管理力度，有效整合资源；第四，把握区位优势，发展特色产业。金勇、王柯（2019）对遂昌模式、沙集模式、清河模式 3 种模式进行归类对比和分析，挖掘出当前我国农村电商发展过程中普遍存在的问题，主要包括农村电商环境的复杂性、农村电商创新主体的多元性、农村电商创新过程的探索性，并结合农村地区的实际情况，利用复杂科学管理方法提出促进农村电商产业发展的策略。杨毅、邱泽国（2019）利用熵权分析法从准备度、应用度、影响度三个层面 27 个指标构建黑龙江省农村电子商务发展测评模型，发现黑龙江省电商发展迅速，2010～2014 年，综合测评结果增长有 6 倍左右，但与浙江省、江苏省等农村电商发展大省仍存在一定的差距，根据模型结论与“地方”发展特色，提出加快黑龙江省农村电子商务健康发展的对策建议。金恩焘、王瑞军和郑克强（2019）从内涵、政策、市场、业态、投入五维模型梳理我国农村电商发展现状，分析限制农村电商发展的机制、模式、路径等核心问题，并从新时代我国农村电商发展的治理机制、治理模式和路径选择等方面提出对策建议。

3. 国内农村电商扶贫发展研究现状

宋齐（2016）认为农村贫困问题的根本解决，或许在于建构出一种政府和农民之间良好的互动关系和合作关系。林广毅（2016）认为农村电商扶贫有利于促进农村地区产业和经济的发展，以及贫困家庭的减贫脱贫和能力提升，对改进产业扶贫开发的绩效具有显著作用，因此，农村电商扶贫值得试点推广，也急需更多学者开展更深入的研究。张岩、王小志（2016）认为电商扶贫，即电子商务扶贫开发，就是将互联网时代日益主流化的电子商务纳入扶贫开发工作体系，作用于帮扶对象，通过教育培训、资源投入、市场对接、政策支持、提供服务等形式，帮助贫困户以电子商务交易实现增收，达到减贫脱贫效果，并创新扶贫开发方式，改进扶贫开发绩。另外，以河北承德为例，在调研贫困地区特色产业和农产品市场对接现状的基础上，分析发展农村电商对扶贫减贫的促进作用，探索适合贫困地区电商扶贫的主要模式和对策。刘禹（2017）选取农村电商的视角研究精准扶贫问题，对农村电商扶贫工作的开展具有一定的创新价值。滕稳稳（2017）结合印江县电商扶贫实地调查，通过贵州农村电商扶贫模式研究，得出在贵州农村通过对贫困农户个体的精准电商扶贫，让贫困主体减贫脱贫。同时，贫困地区发展电子商务，可以帮助农户增收节支，也提升企业内生发展力量。黄战功（2017）也认为电商扶贫是我们现阶段开展精准扶贫的有力推手，为精准扶贫提供坚实的基础，通过对贫困群体的精准定位，确保贫困人员最大限度地得到国家扶贫项目的帮助。王盈盈、谢漪和王敏（2017）认为当前分享经济迅速扩展，成为发展热点，而农村电商是分享经济渗透到乡村的体现。“互联网 + 农村电商”模式不仅改变了传统地方的生产销售方式，重塑地方关系网络，在此基础上亦有利于贫困乡村精准扶贫的实现，重构乡村地方意义。《中国宗教》（2017）认为自2015年国家宗教局和三都县结对帮扶以来，在国家宗教局的组织动员下，各地宗教工作部门和全国宗教界积极行动起来，以各种形式帮扶贵州省黔南州三都水族自治县。其中，浙江省民宗委积极行动，充分利用了浙江电商产业优势，为三都脱贫攻坚提供了新的思路。王小洪、刘纳新、张静和汤武（2017）认为在扶贫模式的发展中，存在综合型电商服务平台支持、银行对电商平台交易结算支持、贫困地区信息基础设施建设、多种形式服务站整合等一系列问题。通过借力大型电商平台、推进贫困地区信息基础设施建设、提升银行支付结算力度、加大政策扶持力度及强化统筹协调能力等方式可以改进和完善这一模式。潘朝阳、聂清德（2017）认为现代农村电商人才精准扶贫的意识较弱、技能较低、资源较少和环境较差，严重影响了精准扶贫的进度和效度。只有强化农村电商人才精准扶贫的意识、提高其技能、提供其资源和改善其环境，才能在扶贫理念上标本兼治。陈晓琴、王钊（2017）认为我国电子商务的扶贫之路还处于摸索阶段，无论是相关研究，还是实践经验都还相对欠缺。许加宏（2017）认为山东省曹县大集镇充分利用农村电商的市场平台，获得了当地演出服饰产业的裂变式增长，政府的强力催化和金融的密切配套，加速了农村电商扶贫强刺激的放大效应，实现了当地农村自家庭联产承包责任制以来的重大经济演变。桑林（2018）分析了山西省长治市的农村电商扶贫发展的现状以及长治市农村电商发展典型案例，提出了有利于长治市农村电商助力精准扶贫发展的对策与建议。曹宝（2018）从分析延安市现行的扶贫措施取得成效为切入点，通过分析农村电商经济的优势以及存在的问题，研究延安市政府如何更好发挥政府作用，释放电子商务优势，提升延安市农村地区电商扶贫效果。尹思筠（2018）从资产专用性角度清楚分析了电商扶贫能够有效降低投资风险，从而实现农村扶贫过程中的坚决性。仇乾阳（2018）对乐清市大荆镇的电商产业及扶贫工作进行深入研究，尝试性地总结出电商扶贫可借鉴、可复制的有效措施，形成指导意见，帮助更多的农村脱贫致富。阚倩（2018）以安徽省砀山县为例，在创新扩散理论视角下，探讨电商扶贫作为一种新的观念和信息，它在农村地区的传播过程和效果。探讨作为一种新事物，电商扶贫所处的社会体系如何，以及电商扶贫在传播扩散过程中面临的问题，最后结合问题从信息传播的角度进行深入的思考。吴成杰（2018）发现了未被大家重视的农村电商发展过程中的“瓶颈”，即老乡经济现象或家乡情怀经济现象。陈晓旭、王翔宇和刘建晓（2018）认为电商销售有助于农村生产企业增收脱贫，且分析了两种电商扶贫形式均可有效增加农村企业开展电商销售意愿，无论是单独补贴还是共同补贴，只要补贴的总力度相同，农村生产企业开展电商销售的投资水平及费用就相同。电商销售投资效率的提高和市场需求对电商销售的敏感性系数增加均有助于增加农村企业开展电商销售意愿，生产成本越低，销售价格越高，农村生产企业开展电商销售的意愿越强。余传明、郭亚静、龚雨田、黄漫宇和彭虎锋（2018）认为相比传统的词频统计方法，主题时间模型更为清晰、准确地揭示了政策演化规律与区域差异。宋湘琴、杜珩和郑君（2018）以渝东南地区为研究对象，采用 SWOT 分析理论，对渝东南地区农村电商扶贫所面临的内外部环境进行内部优势、劣势和外部机遇、挑战的定性及定量分析，并以此为基础对渝东南地区农村电商扶贫的长远发展进行战略设计，以帮助电商扶贫战略取得更大成效。王鹤霏（2018）认为我国电商扶贫存在产业基础薄弱、创新能力不足及相应公共服务不到位等问题，应通过对电商扶贫进行统筹规划、夯实精准扶贫产业基础、发挥人才和技术的引领作用、加强基础设施建设等方式，推动电商扶贫发展，提高扶贫精准度，确保脱贫攻坚总目标的顺利实现。余雪源、杨媛和张莹（2018）在精准扶贫的视角下，农村电商的发展与精准扶贫相结合，能够有效地提高农村贫困人口的帮扶效率。通过对农村电商发展的优势以及特征进行分析，探讨了农村电商精准扶贫的机制，提出了农村电商精准扶贫的策略，为农村电商的发展提供借鉴。颜强、王国丽和陈加友（2018），围绕扶贫工作机制、电商人才、基础设施、农产品质量安全与标准化等方面，深入剖析了贵州省农产品电商精准扶贫中存在的问题并针对性地提出了对策建议。雷世文、杨俊孝、邓方江和殷小波（2019）从实际情况出发，对新疆农村电商参与精准扶贫适应性差、农户对电商脱贫缺乏认知、电商扶贫机制不完善等问题进行分析，并提出相应的对策建议。旨在推动新疆农村电商与精准扶贫有效结合，加速新疆农村经济发展，加快打赢脱贫攻坚战。周婕（2019）在阐述了精准扶贫政策内涵的基础上，研究讨论了农村电商的推进策略。朱利（2019）基于计划行为理论，对农村电商扶贫中贫困户参与意愿进行理论分析和相关影响因素假设，并据此以北川县贫困户作为研究对象，运用描述性统计分析和 Logistic 回归分析等定量分析方法实证研究农村电商扶贫中贫困户参与意愿及其影响因素。王小龙（2019）选取了经济落后地区庆阳市西峰区作为电商扶贫的研究对象，深入分析了西峰区的产业基础和电商扶贫的发展现状，实地调研了 2015 年投入运营的 50 户村级电商服务点，借鉴国外扶贫经验和国内成熟电商模式，提出了个性化的适合于西峰区发展的电商扶贫对策。

4. 国内农村电商物流发展研究现状

宋剑（2014）提出宽带中国计划促进农村电商物流市场发展的线性回归模型，实证研究了宽带中国计划对苏北地区农村电商物流市场的发展潜力的影响作用。结果证明，宽带中国计划对农村电商物流市场的发展有很大的促进作用，同时也证实了构建模型具有一定的可行性，表明苏北地区农村电商物流市场发展潜力随着宽带中国计划的推进而不断增加。陈国伟（2016）建立了带有容量和时间约束的农村电商物流循环取送货 CVRP 模型，该模式降低了整体运营成本，提高了快递公司和乡镇代理的收益；可以有效降低乡镇代理的固定资产投入，人员占用，降低了乡镇代理的经营风险，有利于乡镇网点的布局。Coase 等学者认为电子商务可缓解农民的信息不对称问题，降低交易成本。张丽（2016）提出赣州邮政农村电商“最后一公里”物流模式，在满足农村客户配送需求的同时，加强信息化能力建设，加强农村物流配送平台建设，合理利用和整合资源，提高投递配送能力，降低配送成本。马小雅（2016）将研究焦点集中于广西农村电商物流发展，通过甄别制约其发展存在的问题，提出打造“三月三”文化节，构建农村特色农产品品牌物流产业链，继续加大政府对农村电商物流基础设施的投入，构建第三方农村集合性配送中心，多维度引进农村电商物流人才五个具有针对性的发展对策。朱世友（2016）分析了农村电商发展对物流业的影响，提出了政府应积极引导和扶持农村电商物流发展、提高农村电商物流信息化水平、加强创新满足农村电商物流配送需求、加强农村电商物流人才培养的政策建议。周浪（2017）的研究结果表明，在农村电商物流配送中采用无人机配送能够有效降低运输成本，同时采用“配送车辆单独配送、无人机单独配送、配送车携无人机配送”三种配送方式时配送运输成本最低。吴永鑫（2017）认为物流无人机续航能力不强、物流无人机及其调度系统生产制造成本高、配送过程存在安全隐患和政策监管体系不完善是物流无人机在农村电商物流市场应用所遇到的主要问题，并建议应分别从物流无人机技术、物流运作和政策监管体系方面解决现存的问题，相互合作以推动物流无人机在中国农村电商物流市场的应用。李宇（2017）认为电商企业想在农村地区发展，就需要统筹规划好物流车辆的派遣和行驶路径，有效降低物流成本。还用实例证明了混合禁忌搜索算法的可行性和有效性，使用智能算法对路径进行优化，可以为以后的配送工作提供便利，为配送人员提供更高效的配送路径，节约配送成本，为农村消费者提供更高效的服务。谷孜琪（2017）在分析农村电商物流现状及问题的基础上，提出农村电商双向物流运作模式，并从集成需求、畅通信息和配备人才三个方面详细阐述了新模式的改进之处，明确了农村电商双向物流路径优化需要考虑的关键问题。黄福华、龚瑞风和蒋雪林（2017）将农村电商与农村物流结合起来，设计了基于供应链集成、共同物流以及产业链一体化的农村电商与农村物流协同发展新模式，并对农村电商与农村物流发展所面临的主要问题提出相应的对策建议。陈婉婷（2017）提出一种能够从根本上解决农村电商物流“最后一公里”的相关配送问题的方法。该方法从收货人的利益和配送成本出发，采用以收货人间接取货为主的配送模式，设置了自助提货点和自动提货仪器，构建以无向图为基础的大数据分析模型，采用动态分析方法规划出最优配送路线，弥补了不能及时将货物交由收货人手中而造成的配送成本高、效率低的问题。杨璐（2018）通过分析逆向物流网络特征与构成要素，设计逆向退换货作业流程与农村电商逆向物流网络，构建农村电商逆向物流网络混合整数线性规划模型，并运用随机算法与遗传算法对模型进行求解，以灌云县逆向物流转运中心选址及正逆向物流路径为实例进行求解，所得数据和网络图表明，该模型和算法具有可行性。孙语聪（2018）对末端物流服务质量、满意度与消费者购买行为的关系进行了实证分析，结果表明，农村末端物流服务态度与费用经济性对消费者满意度的影响是显著的，而服务便利性、服务可靠性与服务时效性对满意度的影响不显著的。满意度对农村居民购买行为具有正向影响。在电商环境中，顾客满意在物流服务质量五个维度和购买行为之间大部分存在中介作用，只有满意度在时效性与购买金额之间、经济性与购买金额之间的中介效应并不显著。于小燕（2018）从农村电商的物流规模、网络布局、基础设施、城乡双向物流通道等方面，分析新形势下我国农村电商物流发展的现状，发现当前我国电商物流存在“农民参与电商兴趣不高、物流基础设施不完善、物流成本过高、农村网络信息化程度不发达、农产品储藏保鲜物流技术落后、物流专业人才严重不足”等制约“瓶颈”问题，并提出相应的破解路径方案。刘德武、刘昱岗（2018）认为提高农村地区物流配送效率，需要从农村基础设施建设、城乡一体化发展、大学生回乡创业以及农村产业结构调整等多个角度制定合理措施。华慧婷、郝渊晓（2018）认为农村电子商务物流，应以配送资源整合实现企业物流效率提升，选择差异化的物流模式，塑造双向、低碳与绿色物流价值链，建立第四方物流生态体系。宋丽敏（2019）提出了“以共享资源为基础的电商共同配送模式”“O2O 共享 + 共同配送模式”和“村镇电商集配站 + 共同配送 + 共用智能自提柜模式”。对农村电商共同配送模式的有效性进行了实证分析，结果显示，共享物流下的电商共同配送能在其自身最大可配送量范围内实现最大的货品配送规模，这降低了物流成本，提升了配送效率。黄蔚、常荣荣和李维胜（2019）从协调共生视角，在协调共生的基础上运用 AHP 对农村电商与物流企业共生体系进行探究，研究发现，政策风险、运营及市场风险、技术风险为共生体系所面临的主要风险。并提出发展区域特色，优化资源配置，提高数据信息的互通、互享及加强技术创新研发、保障用户及顾客信息的安全保密，注重客户粘度培养等相关建议以保证共生体系协调运转。翟小可、吴祈宗（2019）从服务便利性、服务可靠性、配送及时性、客户关怀性、服务经济性、安全保障性 6 个维度选取 23 个具体指标，运用模糊综合评价法建立农村电商物流服务质量评价模型，并对珠海市农村电商物流服务质量进行实证评价研究。研究表明，目前珠海市农村电商物流服务质量评价结果为良好，正处于评价等级由“良”向“优”过渡的重要时期。

（三）综合评述

目前，国内外的专家学者主要结合当前互联网及电子商务的发展，对国内外在互联网发展背景下的农村经济发展形态、发展模式和发展趋势等进行了专题研究，重点是对农村电商在农业经济和农产品流通中的应用，以及由此带来的运营模式、流通模式、物流配送、资金需求、信息处理与传递、农产品溯源及跟踪等进行了深入分析，同时，也结合有效运用农村电商对农村经济发展和农产品流通进行辅助，帮助拓展农产品流通形式和运营模式，提升农产品流通效率，减少流通环节、挺高流通响应、降低流通成本等方面也进行深入的分析与研究。另外，还系统地研究了针对不同类型的农村电商应用，特别是利用农村电商对农村地区进行精准扶贫的应用模式与具体应用，都有较为深入的一些探索和研究，也结合其在农产品流通及配套物流配送服务进行相关的分析与研究。总体而言，对目前农村电商在农村地区的有效运用有较为深入的分析与研究，但是，其研究的完备性不够，其针对农村扶贫工作的一些融合性研究与应用研究的模式与有效性分析不够，结合农村扶贫工作的特点及环境限制，特别是对于农村电商在三峡库区这一特定背景下特定环境下的有效应用研究却没有。因此，结合三峡库区的特定环境和三峡库区特定扶贫的特殊需求，利用互联网和农村电商的有效运营及应用形式，实现对该区域内农村地区的精准扶贫工作提供有效支撑的应用研究还是十分必要的，也是十分急迫的。

四、理论意义

本书通过对我国当前互联网经济发展背景下农村电商的在农村地区的有效应用与发展，以及其辅助进行农村精准扶贫的相关应用情况的研究，系统梳理了当前农村电商的运营模式和盈利模式，深入分析了农村电商应用于农村精准扶贫的可行性和应用形式，也重点对三峡库区这一特定应用背景和特点应用环境中利用农村电商实现三峡库区精准扶贫的相关实践进行系统的总结，对实践中面临的主要问题进行系统的梳理和分析，并对应地提出了有针对性的解决措施和方案，该研究成果强力支撑了在三峡库区有效应用农村电商实现对三峡库区农村进行精准扶贫的可行性，并帮助解决了其应用中急需解决的系列关键问题，具有良好的理论研究意义与价值。同样的，还在理论上对利用农村电商打通“工业品下乡”和“农产品进城”的双向流通通道等进行了有益的探索研究，对于农村电商发展以及“三农”问题的解决也提供了一定的理论支持。

五、现实价值

1. 有助于三峡库区扶贫攻坚任务的完成

三峡库区虽然不同地域的差别较大，但同属于库区，同样面临绿色发展和大保护下的发展等共性问题以及自然资源丰富但工业体系薄弱等产业发展空心化问题，系统总结库区农村电商扶贫的具体做法和成功模式，尤其是借助农村电商实现三次产业融合等带活农村经济、带动农民脱贫致富的做法，在库区具有很大的推广价值，库区各区县可以相互学习、取长补短。

2. 有助于三峡库区农村电商的可持续发展

三峡库区农村电商扶贫由于产业的相似、地域的临近、资源的趋同以及特殊的流通环境等原因，在具体的农村电商扶贫实践中也遭遇了各种挑战，这些挑战影响了三峡库区农村电商的发展，也对能使库区人民安稳致富的可持续性构成了潜在的威胁。系统梳理三峡库区农村电商精准扶贫存在的问题，并积极探求解决对策，对于三峡库区农村电商发展的可持续性、对于三峡库区人民安稳致富的可持续性都意义重大。

3. 有助于培育和引导库区农户借助电商平台发展库区农村经济

目前，重庆市三峡库区的农户们基本上还是以“外出务工”“在家种植（或养殖）”为主来发展经济，也基本上是“以体力换工钱”

“以体力换农产品”来获得收益，而且其获得的收益还相对非常低廉。因此，在三峡库区农村运营和推广农村电子商务，一方面有助于培养和引导库区农户有意识地借助于电商平台来扩展农产品流通渠道，提升农产品流通效率，降低农产品流通成本，扩大农产品流通销量，发展库区农产品流通经济；另一方面，还要培养和引导库区农户有意识地通过电子商务平台进行创业和就业，大量进行如“互联网＋农产品”“互联网＋乡村旅游”“互联网＋农家乐”等创业和就业项目，丰富库区农村经济发展的形式和渠道，推进库区农村经济的发展。

六、主要创新点

1. 研究视角上的创新

本书研究中把互联网经济下的农村电商运营有效应用与农村精准扶贫工作中，并在三峡库区农村这一特定区域特定环境的有效应用进行了理论探索研究和线上线下示范应用研究，其研究视角具有较大的创新性。

2. 研究内容上的创新

本书研究中在系统梳理分析三峡库区农村当前经济发展中“工业品下乡”和“农产品进城”的双向流通的核心问题基础上，提出利用农村电商开发及应用技术，线上与线下有效结合，实现三峡库区农村地区的“工业品”便捷、快速、低成本“下乡”和“农产品”高效、快速、可持续“进城”。进而对线上线下双向流通中的关键问题和主要解决方案进行系统分析与研究，实现三峡库区农产品流通的可持续发展，帮助三峡库区农村完成精准扶贫具有巨大的支持作用，其研究内容具有一定的创新性。

第二章　全国农村电子商务及扶贫模式分析

一、全国农村电子商务的主要模式

目前，农村电子商务较为常见的模式有 B2B、B2C、C2C 以及综合业务平台模式。

（一）B2B 模式

B2B 模式是农业生产企业、加工企业、销售企业间通过商务信息网联系起来，进行电子商务运作的模式，主要负责大宗农副产品的批发交易，因此它是电子商务交易中最能产生巨大效益的领域（见图 2.1）。

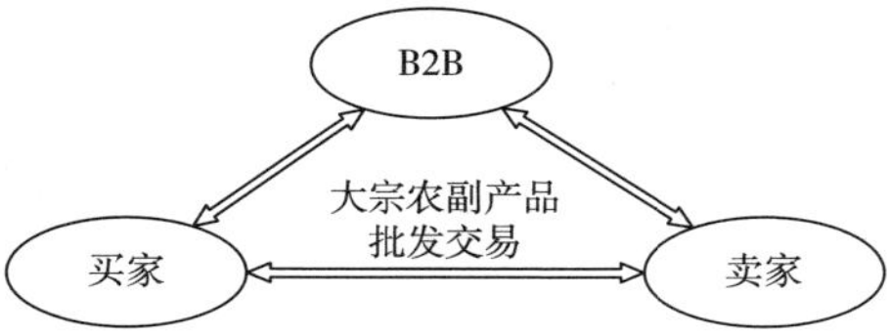

图 2.1　农村电商 B2B 模式

（二）B2C 模式

B2C 模式或者是由农产品生产加工企业为主导，由这些企业自建平台，面向消费者的模式（见图 2.2）。或者由大型电商主导的网络销售模式，最具代表性的是京东的“乡村推广员”、邮政的“邮掌柜”。

1. 京东的乡村推广员模式

京东以“自营”为主，这也与京东自营“基因”有很大的关联，

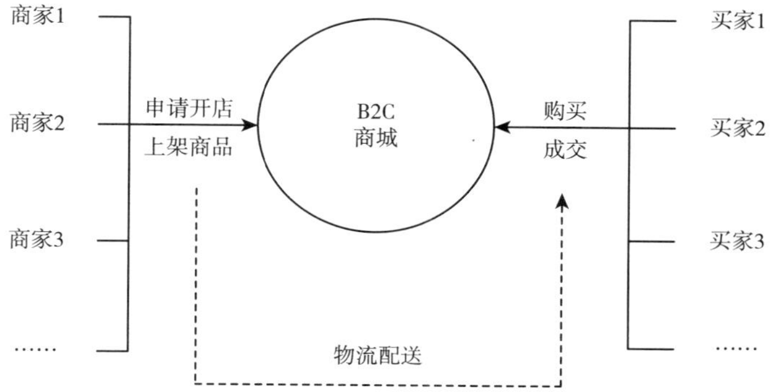

图 2.2 农村电商 B2C 模式

同时搭建县域服务站和京东帮两块业务落地业务模式，在村级建立京东服务站，在站内将有专人指导电商购物的全过程，主要目的是通过电商销售渠道和物流渠道将家电产品销售到农民手中。目前，京东县级服务中心数量已超过 700 家，服务覆盖超过 800 个县；2016 年，累计建设 1500 家县级服务中心，招募 25 万推广员，完成 1600 多家京东帮运营，覆盖全国 40 多万个行政村。服务中心主要承担了代客下单、招募乡村推广员、培训乡村推广员和营销推广等功能。

2. 邮政的“邮掌柜”

“邮掌柜”系统是以邮乐网平台为基础，通过搭载多项业务功能，以利于邮政切入农村电子商务市场而建设的线上线下一体化的综合服务平台。通过在农村小卖部、代销点等装上邮政系统的“邮掌柜”电子商务平台，再配上邮政系统免费提供的打印机、扫码枪和会员卡，就能向周边村民提供商品代购、网上进货、秒杀网购等服务。

（三）C2C 模式

C2C 是通过搭建农村电商平台，直接连通农户和网络消费者的一种模式。一般理解是双向的，包括农民网上购物和农户通过电商平台直接面向消费者进行网上销售，借此打通“工业品下乡”和“农产品进城”的双向流通渠道（见图 2.3）。如阿里的“村淘”模式和本土自建电商网络销售模式。截至 2015 年 9 月 30 日已经对接全国 27 个省区市，全国 5870 个村设立了农村淘宝点，计划还将在未来 3 ~5 年内投资 100 亿元，建立 1000 个县级服务中心和 10 万个村级服务站。

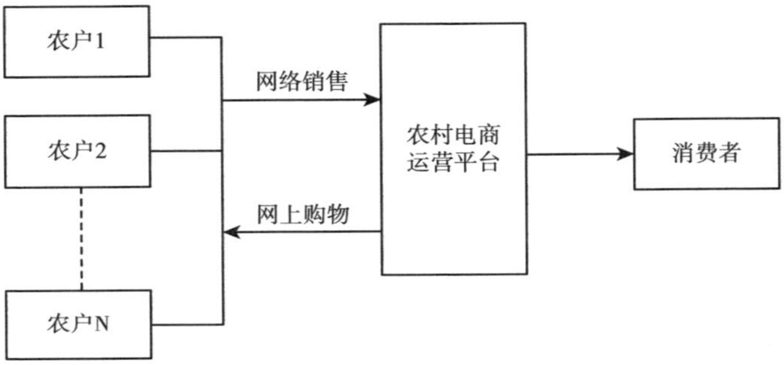

图 2.3　农村电商 C2C 双向流通模式

1. 阿里的村淘模式

主要是由淘宝网发起的，在乡村设立阿里村淘服务中心，满足农村用户的线上购买需求，另外，村淘站长也负责乡村特产货物的线上售卖，在激发农村用户的购买欲的同时，也能整合当地优质农产品资源，将当地的农特产品通过电商渠道销售出去，站长负责电商平台的运行、维护和营销，充分调动了农民的卖货积极性和主动性，帮助农民脱贫致富。此外，相比京东，淘宝的开店途径更加灵活，门槛相对较低，对于刚刚起步的农村电商来讲投入风险小。有些地方有一定规模的农业产业，可借鉴通榆县“三千禾”做法走品牌化道路，通榆县整合了当地的主要农特产品，如杂粮杂豆、葵花籽、草原红牛肉等注册了“三千禾”品牌，直接入驻天猫旗舰店，在全程产业链上进行统一采购、统一包装、统一运营、统一配送、统一售后等标准化运作。

2. 自建电商网络销售模式

前两种模式是由大型知名电商参与的，而有些地方也尝试成立本土电子商务公司，建设专门的电商平台。经调研，比较典型的有遂网（江苏）、亲戚田园（重庆）等。一般是由当地县（镇）政府或行业协会牵头，通过市场化运作，聚合当地中小农副产品货源，由专业的第三方主体进行统一运营管理，同时也为线上中小卖家提供专业的培训服务。

（四）综合业务平台模式

综合平台模式是供销合作社发展农村电商的主要思路，搭建一体化的全国供销合作社电子商务平台，使之成为全国供销合作社发展电子商务的总平台，提高规模效益和综合竞争力。这个平台将具备 B2B 批发交易、B2C 商品销售、C2C 零售交易、O2O 在线业务等功能。平台与系统龙头企业合作，开展农资、棉花、再生资源、特色农产品等大宗商品网上交易。联合系统日用消费品、农资连锁企业和再生资源企业，依托连锁经营网点、村级综合服务中心等，共同建设“供销商城”，实现线上线下相结合，开展日用消费品、农资的在线销售和再生资源线上回收。

二、全国农村电子商务及其扶贫典型模式

（一）世纪之村农村信息化服务平台：“网络 + 实体超市 + 信息点”模式

2008 年 3 月，为解决涉农网站普遍缺乏有用、易用信息，难以

激活农民应用意识等问题，福建省南安市开始建设“世纪之村”农村信息化服务平台。“世纪之村”平台涵盖农村电子政务、农村电子商务、农村生活服务3项职能，是一个集信息交流、农村教育、农产品市场、劳务需求、金融服务、村务管理及农村文化建设等为一体的农村综合性信息化平台。

经过几年的发展，“世纪之村”形成新颖的发展理念、先进的服务功能、独创的运营模式，总结如下：

1. 服务方式创新

平台致力于“人的服务”，从应用层面抓起，在不增加新投资的情况下，依托实体店设立信息点，聘请信息员，辅助、帮助农民使用信息技术，提供农村三资管理软件，村务公开软件，开设网上农家店，消除了影响城乡信息服务一体化的“鸿沟”顽症。

2. 运营模式创新

平台走“网络+实体店+信息点”商贸模式（见图2.4），利用互联网和电话等信息媒介构建了信息服务网络，建立了对上连接市场、对内连接管理、对下连接农户的信息互动平台，搭建了上为企业提供农产品和农村必需品统计信息服务，下为农户提供市场、生产、技术服务的信息服务系统，具体做法是：帮助建立“农家店”模块，依托合作社、小店铺、卫生服务所、电信营业厅等实体店，设立信息服务点，培训小店主、营业员等担任信息员，解决农民特别是边远山区农民的农副产品交易难、信息闭塞、成本高等问题，打造农村版的阿里巴巴。平台通过集体议价方式，为农民消费者争取到最优惠的价格，越来越多的人通过信息点，从网上买家电、农资。便民缴费、金融服务等功能不断加入进来，农民与城里人一样，享受到信息化带来的巨大便利，应用网络的意识被激活了。

同时，平台依托众多信息网点和草根物流配送队伍，与数十家国

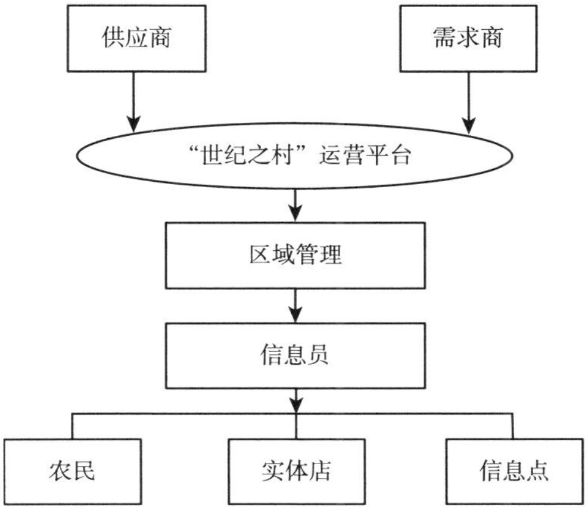

图 2.4　“世纪之村”运营模式

内大型营运商和供应商建立紧密合作关系，并与建设银行联合发行金融服务卡，形成比较完善、配套的市场化运作体系和独特的盈利模式，保证了平台的可持续运行。

3. 激励机制创新

平台致力于改变农民收入增长方式，独创了一种“3331”的共生分利新模式。在平台内部，信息员、经营者小团队、经营者大团队、平台按比例进行利润分配；平台外部，生产者、经营者、消费者和平台也按此分配。为聚合农村消费资产，当信息点交易量或客户消费量达到一定数量时，积分可转换成“世纪之村”集团公司的内部股票。

目前，该平台已覆盖福建省 80% 以上的乡村。发展网上农家店 2247 家，提供就业岗位 18840 多个，发布村务信息 73 万余条、农产品信息 240 余万条，每月成交额达 1.83 亿元，衍生控股公司 14 家，赢得了国际风投公司的青睐。正因为投入成本低、可复制性强、操作简单，平台不仅在其所在地泉州市所有行政村推广使用，江西吉安市、湖北咸宁市、内蒙古扎赉特旗、山东青岛、山西长治等地也在试用该平台。

（二）青岩刘村：以批发兼零售为主的网货超市模式

义乌青岩刘村作为一个因淘宝而盛的快速城市化发展案例，从无到有再到二次发展，成为全国典型的电子商务产业集聚区。2006 年开始凭借毗邻义乌小商品市场及江东货运中心的区位优势，吸引了早期的淘宝网商进驻。目前，义乌市电子商务产业集聚区呈现出以青岩刘村和青口工业园区为中心向外辐射的布局态势。以此为中心，所覆盖的江东街道几乎村村都有网商，有上万业主从事电子商务，约占义乌电子商务的 2/3。发展至 2012 年年初集聚了 2000 余家网络商铺，2010 年交易量达 20 亿元，被称为“中国网店第一村”。

青岩刘村电商集聚区形成原因主要有：（1）发展初期区位优势明显。青岩刘村位于浙江省义乌市江东街道，距离义乌市中心区 4.9 公里、距义乌国际商贸城 6.7 公里。发展初期，由于其独特的区位优势且租金便宜，引来不少淘宝户入驻。（2）物流保障。青岩刘村紧靠义乌市城市主干道环城线和甬金高速的江东出口处，对外联系便捷，网货的运输效率极高，交通非常方便。随着物流业的快速发展，青岩刘村现已有 20 多家快递公司，通过电子商务协会的协商，达成了较满意的价格和较优质的服务。（3）后续形成的产业链配套支撑。在青岩刘村，淘宝商户的经营方式主要以批发兼零售为主（占 59.9%）。青岩刘村为了吸引网络商户的入驻，降低创业门槛，大力打造“B2C”的产业模式，即驻扎在青口工业园区的供货商回到青岩刘村以开设网货超市的方式，给网络商户提供相应的货物，避免了货物堆积及仓储方面的问题，并通过筛选引进了一批拥有优质服务的物流、快递公司，实现“供货—物流—网络 C 店”的零对接。此外，除了电子商务网店，还有网站制作公司、产品摄影和图片制作服务商、快递公司、与网络销售配套的包装服务商、电子商务专业技术培训班以及生活上的各类配套设施等，共同组成了一条完整的电子商务产业链（见图2.5）。

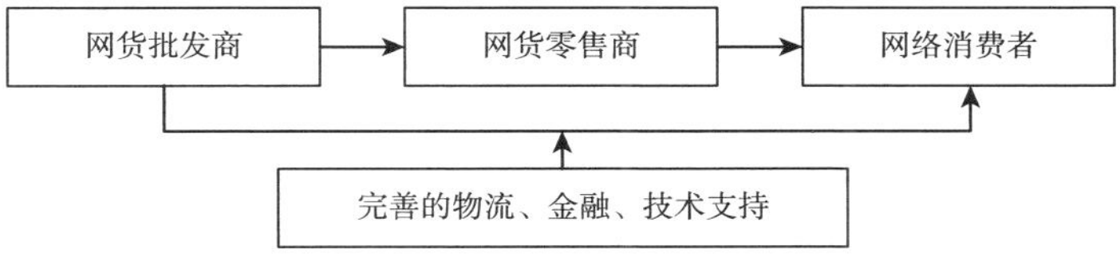

图2.5 青岩刘村电商模式

青岩刘村电商的发展对当地社会经济产生了巨大的影响。网店的增长对人口增长有显著的促进效应。借助于电子商务产业的发展，青岩刘村原有人口1486人，发展到目前有1万人之多，其中外来商户占到86%。电子商务的发展为青岩刘村的居民提供了众多就业机会，有一半的当地村民在农转居之后成为电子商务配套产业的从业者，实现了从第一产业到第三产业的过渡。同时，蓬勃的电子商务产业也使当地村民收入增幅明显，在接受调查的当地居民中有41.6%家庭年平均收入从之前的2万元增加到当前的5万元。

（三）缙云县北山村："农户+网络+企业"模式

浙江省丽水市缙云县北山村地处浙江省南部山区，交通闭塞，经济落后，因村民长期以来靠做烧饼、编草席为生，但就是这样一个仅有着800多口人、昔日贫穷落后的偏僻小山村，近年来却因发展农村电子商务而闻名遐迩，形成了自己的特色——"北山模式"。该村从2006年出现第一家网店起，到现在已有网店近百家，仅皇冠店就有27家，2012年销售额达到5000万元。"北山模式"是指以"农户+网络+企业+政府"为核心要素，以"北山狼户外用品有限公司为龙头，以个人、家庭以及小团队开设的分销店为支点，以户外用品为主打产品，以北山狼产品为依托"的农村电子商务发展模式。"北山模式"的主要特点是：

1. 品牌意识强

北山狼户外用品有限公司在整个模式中的引领作用明显，几乎所有网商都是其一级或二级分销商，与其一荣俱荣，一损俱损。品牌意识与生俱来。与“沙集模式”、义乌“青岩刘模式”等商户分散经营、品牌意识差不同的是，“北山模式”从一开始就牢固树立品牌意识，注重打造自有品牌，并采取加工基地、产品分销两头在外的“自主品牌 + 生产外包 + 网上分销”模式。如今，北山狼在淘宝上的总销量在户外用品中排名前十。强烈的品牌意识为“北山模式”的形成和发展注入强大动力。

2. 政府的引导作用

在“北山模式”发展的过程中，政府的作用主要表现在为商家提供服务、解决发展中遇到的困难以及营造良好的发展环境上。例如，壶镇镇党委政府把电商产业园规划纳入重要议事日程；成立电商协会；协调金融机构推出有利于农村电子商务发展的专门信贷产品；采取育才和引才并重的方式，加大从业人员培训力度，引进急需专门人才；安排专项资金，积极鼓励缙云籍电子商务专业大学生回乡创业；在职称评聘、工资待遇等方面提供优惠，确保农村电子商务人才留得住、用得上。这一系列措施的实施，为“北山模式”的形成和发展起到极大的促进作用。

在北山村的带动下，壶镇有各类网店 200 多家，参与网上创业的村民 1000 余人，极大地带动当地农户共同脱贫致富。

（四）临安新都村和白牛村：网络 + 特色农产品产业集群模式

临安市坚果类特色农产品销售市场覆盖全国近 30 个省区市并出口欧美、东南亚等国家，是临安百姓的主要经济收入来源。2009 年，临安市坚果产业实现产值约50亿元，在全国坚果食品行业比重中超过20%。清凉峰镇新都村和昌化镇白牛村是临安市农产品电子商务发展较快的两个“淘宝村”。截至2013年年底，新都村共有电子商务网店20多家，白牛村有40多位坚果炒货网商，农产品网销额突破了18亿元，居全国首位，临安市依托自身知名特色农副产品，发展电商平台的同时，将实体坚果炒货产业做大做强，形成与电商发展共同促进和发展的局面（见图2.6）。

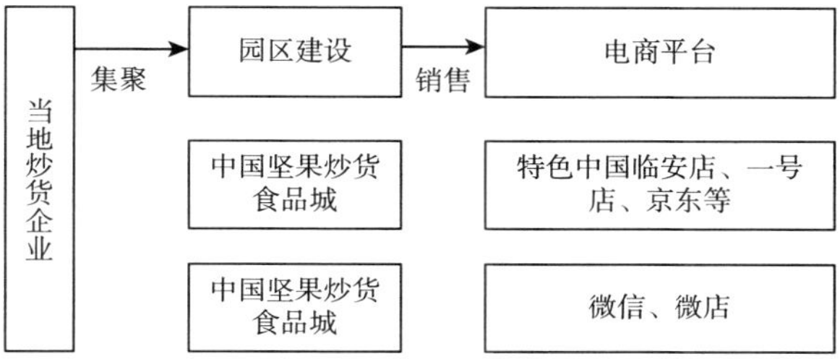

图2.6　临安农村电商模式

具体的举措有：

1. 建设龙岗坚果炒货基地，打造“临安制造”品牌

临安市通过加快建设中国坚果炒货食品城，创建龙岗镇西部工业功能区，采用“基地+市场”模式，将分散的坚果炒货企业集聚于工业区，为农业企业发展电子商务搭建优质的基础设施平台。

2. 政府多项政策、举措助推电商发展

2013年，临安市科技局在临安城北构建了坚果炒货食品电子商务科技园，旨在培育电子商务产业集群，引导中小企业合理利用创新资源，拓宽营销渠道，带动临安市坚果炒货产业持续发展。临安市科技局、临安市电子商务科技园与淘宝网洽谈“特色中国临安馆”。该网店重在整合集聚临安资源，使临安特色产品充分发挥优势，临安产业带作为国内第一家网络产业带于2013年5月正式进驻阿里巴巴平

台，目前已有63家企业入驻。对在发展农村电子商务中有突出贡献的企业、合作社和行政村予以奖励。择优评选10家左右农业电子商务企业，一次性奖励12万～15万元；择优评选20家左右示范企业(合作社)，一次性奖励8万～10万元；择优评选5家左右电子商务特色村，一次性奖励10万～15万元。

3. 与高校合作培养农村电商人才

与高校开展产学研合作，采用“借脑引智”的办法。临安市电子商务科技园其中的一项是：为企业量身定制储备人才。通过与浙江农林大学组建电子商务培训基地、实践基地，制定人才培养方案，为企业输送专业的应用性人才。通过与江南大学食品学院共建公共技术服务平台，为企业提供产品研发、食品保鲜、产品包装设计等公共服务。临安市电子商务科技园还举办全市性农产品电子商务培训班，组织大学生村官、返乡大学生、网商、合作社、龙头企业等参加培训。

4. 以文化产业促进电商发展

打“文化”牌是推动临安特色农产品产业的一大推手。自2008年起，临安市至今已成功举办了五届山核桃文化节，增强了产品的品牌影响力。

总之，农村电子商务发展，不仅促进了农民增收，还为临安人提供1.5万个就业岗位。2014年带动农民增收2亿元。仅白牛村，就有将近20家皇冠卖家，2014年，白牛村网上销售额突破2亿元，按照总计67户网商计算，平均每家网商销售额达到360万元。也正因此，农民有了更多的就业选择。

三峡库区农村电商精准扶贫研究

Chapter 3

第三章 三峡库区农村电商精准扶贫现状

一、三峡库区农村经济及农副产品流通发展现状

（一）三峡库区社会经济总体现状

三峡工程库区处于东经105°44′～111°39′与北纬28°31′～31°44′之间，西南分别与川黔交界，西北相邻于川陕地区，横跨鄂西武陵山脉之北与大巴山之南。26个区市县涉及其中，分别为湖北省的秭归县、宜昌县、巴东县、兴山县，重庆市巫溪县、巫山县、云阳县、奉节县、开县、万州区、石柱县、丰都县、武隆县、涪陵区、长寿区、重庆主城七区（江北、北碚、渝中、南岸、大渡口、巴南区、渝北区）、江津市。三峡库区覆盖面积达56700平方公里，其森林覆盖率为43.50%。农业用地面积达342200公顷，种植面积为58.61公顷。

本章三峡库区经济社会发展涉及的数据指的是三峡工程重庆库区的经济和社会发展汇总数据。本书按照《重庆统计年鉴》三峡库区重庆段的释义，库区指库区15区县，包括万州区、涪陵区、渝北区、巴南区、长寿区、江津区、丰都县、武隆县、忠县、开县、云阳县、奉节县、巫山县、巫溪县、石柱县。

1. 库区经济持续增长

三峡库区重庆段各地区生产总值近五年年均增长超过了9%，保持了较快增长水平，在重庆GDP中所占的比重接近40%（见表3.1）。

从图3.1中可以看出，2017年库区国内生产总值为7264.706亿元，比1998年的193.15亿元增加了2300.65亿元，增长了11.91倍，三峡库区各区县的经济发展水平均有较大的提高，GDP呈增长的趋势。

表 3.1 三峡库区、重庆市 GDP 及其增速比较

年份	重庆市		三峡库区重庆段		占比
	GDP（亿元）	增速	GDP（亿元）	增速	
2013	12656.690	—	4949.344	—	39.10%
2014	14262.600	12.69%	5512.553	11.38%	38.65%
2015	15717.270	10.20%	5946.408	7.87%	37.83%
2016	17559.250	11.72%	6533.200	9.87%	37.21%
2017	19500.27	11.05%	7264.706	11.20%	37.25%

资料来源：2001 年、2014～2018 年《重庆市统计年鉴》，其中 2017 年各区县数据来自各区县经济社会发展统计公报或 2018 年政府工作报告。

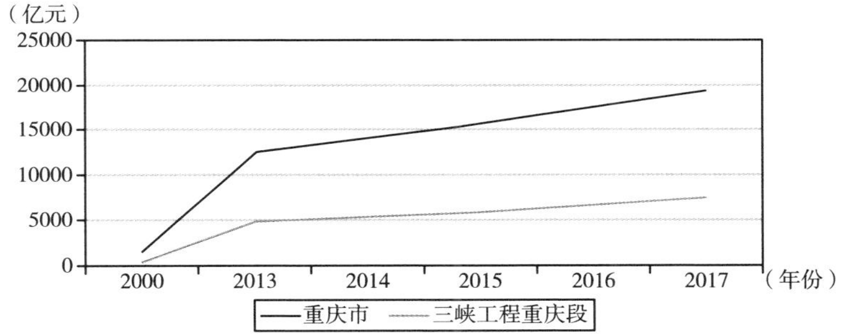

图 3.1 三峡库区重庆段 2000 年以来 GDP 变化

资料来源：《重庆市统计年鉴》（2014～2018 年）。

三峡库区重庆段各区县近五年的 GDP 增长情况如表 3.2 所示，渝北、涪陵、万州、江津仍然保持了领先的地位，巫溪、巫山、武隆、石柱虽然与 GDP 前四位的数值相差较明显，但增长速度较快，详见三峡库区重庆段 GDP 排名前四的区县增速比较和其中三峡库区重庆段 GDP 排名后四的区县增速比较图，各区县 GDP 数据来源于《重庆市统计年鉴》（2014～2017 年），由于《重庆市统计年鉴（2017）》无区县 GDP 数据，2017 各区县 GDP 数据来源于各区县统计公报或 2018 年政府工作报告（见表 3.3～表 3.4 和图 3.2～图 3.4）。

表 3.2　　三峡库区各区县 2013 ~ 2017 年 GDP 增长情况　　单位：亿元

地区	2013 年	2014 年	2015 年	2016 年	2017 年
万州区	64.923	702.030	771.219	828.215	965.810
涪陵区	69.325	690.037	757.476	813.195	992.240
渝北区	42.865	1001.759	1115.385	1193.343	1447.200
巴南区	48.000	465.930	510.085	568.342	709.000
长寿区	50.605	374.081	420.407	430.117	509.900
江津区	80.146	486.581	554.659	605.586	757.100
丰都县	20.818	119.688	135.372	150.189	206.580
武隆县	13.980	107.909	119.985	131.400	159.200
忠县	22.880	182.628	208.260	222.397	271.330
开州区	38.449	265.467	300.167	325.978	399.590
云阳县	22.613	150.341	170.187	187.912	230.000
奉节县	22.138	160.115	181.411	197.432	251.178
巫山县	12.215	75.128	81.269	89.661	116.150
巫溪县	8.104	60.220	66.720	73.399	87.148
石柱县	12.140	107.430	119.952	129.244	162.280

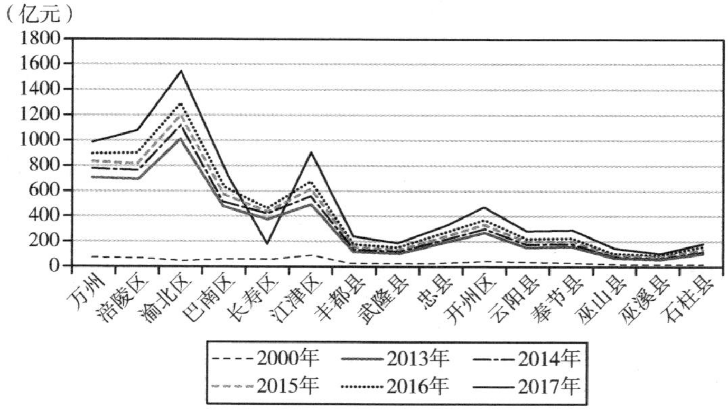

图 3.2　三峡库区各区县 2013 ~ 2017 年 GDP 增长趋势

表 3.3　　三峡库区重庆段 GDP 前 4 的区县增速比较

年份	渝北		涪陵		万州		江津	
	GDP（亿元）	增速（%）	GDP（亿元）	增速（%）	GDP（亿元）	增速（%）	GDP（亿元）	增速（%）
2013	1001.759	—	690.037	—	702.030	—	486.581	—
2014	1115.385	11.34	757.476	9.77	771.219	9.86	554.659	13.99
2015	1193.343	6.99	813.195	7.36	828.215	7.39	605.586	9.18
2016	1293.346	8.38	896.216	10.21	897.389	8.35	674.117	11.32
2017	1447.200	11.90	992.240	10.7	965.810	7.62	757.100	12.31

资料来源：2001 年、2014～2018 年《重庆市统计年鉴》，其中 2017 年各区县数据来自各区县经济社会发展统计公报或 2018 年政府工作报告。

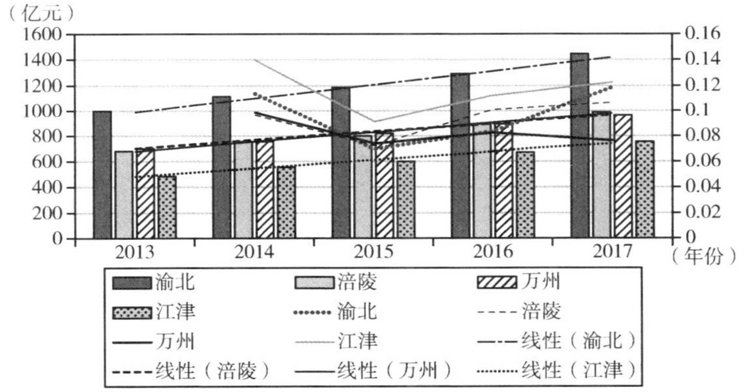

图 3.3　三峡库区重庆段 GDP 前 4 的区县增速比较

表 3.4　　三峡库区重庆段 GDP 后 4 的区县增速比较

年份	巫溪		巫山		武隆		石柱	
	GDP（亿元）	增速（%）	GDP（亿元）	增速（%）	GDP（亿元）	增速（%）	GDP（亿元）	增速（%）
2013	60.220	—	75.128	—	107.909	—	107.430	—
2014	66.720	10.79	81.269	8.17	119.985	11.19	119.952	11.66
2015	73.399	10.01	89.661	10.33	131.400	9.51	129.244	7.75
2016	82.369	12.22	101.795	13.53	145.613	10.82	145.418	12.51
2017	87.148	5.80	116.150	14.10	159.200	9.33	162.280	11.60

资料来源：2001 年、2014～2018 年《重庆市统计年鉴》，其中 2017 年各区县数据来自各区县经济社会发展统计公报或 2018 年政府工作报告。

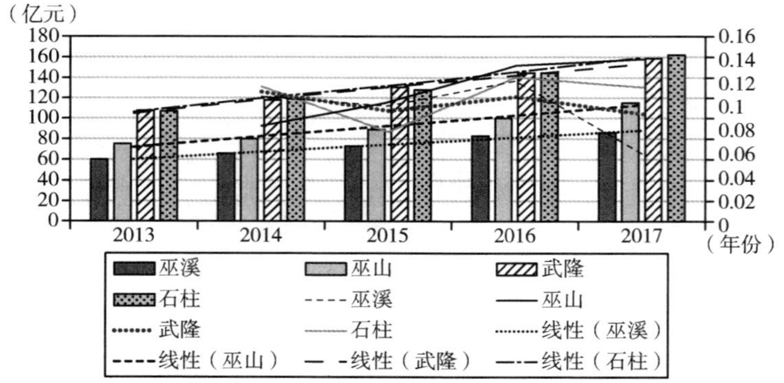

图 3.4　三峡库区重庆段 GDP 排名后 4 的区县增速比较

从上述分析可以看出，三峡库区重庆段整体上经济快速发展，但区域发展不平衡。GDP 前四的区县与 GDP 后四位的区县，差距在十几倍以上，即使是 GDP 后四位的区县，其差距也接近两倍，地区发展不均衡现象较为突出。

2. 三峡库区城镇化率有明显提高

表 3.5 反映了三峡库区以及重点库区区县城镇化率的变化。1990 年三峡库区城镇化率仅为 7.65%，2003 年为 17.53%，2007 年为 21.06%，2013 年为 53%，2017 年为 59.21%，表明库区各区县的城镇化率水平都有明显的提升，其中，万州区的城镇化率在 2017 年达到了 65.45%，在库区各区县中提升最为显著。通过三峡库区重点区

表 3.5　三峡库区各区县、重庆市、全国城镇化率比较　单位：%

地区	城镇化率				
	2013 年	2014 年	2015 年	2016 年	2017 年
库区合计	53	55	56.1	57.64	59.21
重点库区	46.13	47.61	49	50.48	52.15
全国	34.78	40.53	45.89	53.7	58.52
重庆	—	41.9	48.3	58.34	64.08

资料来源：《重庆市统计年鉴》（2014～2018 年）。

县的城镇化率与全国和重庆市比较，可见，库区虽整体上超过了全国水平，但重点库区的城镇化率水平远远落后于全国和重庆市，库区整体的城镇化率水平虽有明显提升，但仍有较大增长空间。

3. 三峡库区社会消费品零售总额有一定增长

2013～2017 年三峡库区各区县和重庆市的社会消费品零售总额增长的比较可以看出，库区社会消费品零售总额不但在数值上远低于重庆市的整体水平，而且增速也比重庆市的整体增速小很多，重点库区的数值就更小。这在一定程度上也与三峡库区大部分区县的流通状况有很大关系，流通仍然是影响三峡库区农村经济发展、改善人民生活的主要影响因素（见表 3.6、表 3.7 和图 3.5）。

表 3.6　三峡库区各区县、重庆市社会消费品零售总额增长比较

单位：亿元

地区	社会消费品零售总额				
	2013 年	2014 年	2015 年	2016 年	2017 年
库区	1750.71	2007.70	2269.29	2567.54	2849.38
重点库区	743.93	849.64	969.08	1100.76	1235.69
重庆	8492.55	9489.82	10504.71	11548.79	12637.91

资料来源：《重庆市统计年鉴》（2014～2018 年）。

表 3.7　三峡库区各区县社会消费品零售总额增长情况

单位：元

地区	2013 年	2014 年	2015 年	2016 年	2017 年
万州区	2193671	2516141	2879819	3274478	3588807
涪陵区	1796887	2005427	2296993	2603076	2953456
渝北区	3876873	5180623	5730401	6451147	6919112
巴南区	1866609	2420247	2751068	3089908	3434821
长寿区	916348	909168	1032599	1171249	1307554
江津区	1745054	2015538	2291631	2593920	2952660
丰都县	511282	559035	638200	730645	826667
武隆县	360935	407495	463225	524987	587720

续表

地区	2013 年	2014 年	2015 年	2016 年	2017 年
忠县	559030	576099	655742	744915	850596
开州区	1084937	1338979	1507792	1695668	1899650
云阳县	655613	792111	904271	1037646	1188118
奉节县	471612	422618	481642	547801	623748
巫山县	293504	286020	326333	373329	425888
巫溪县	217508	223776	250855	284938	308149
石柱县	411830	423697	482360	551667	626837

资料来源：《重庆市统计年鉴》（2014～2018 年）。

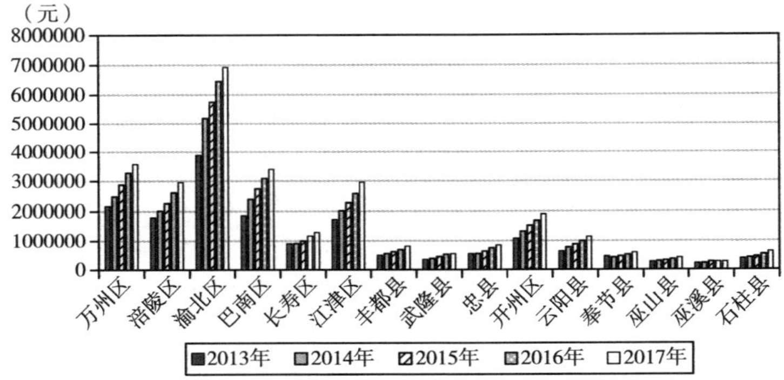

图 3.5　三峡库区重庆段区县社会消费品零售总额增长情况

4. 三峡库区居民生活水平有较大改善

（1）居民消费水平有提升。

由于统计口径的调整，选取 2013～2017 年全国、重庆市，以及三峡库区重庆段各区县的城镇、农村居民人均可支配收入情况进行比较，由表 3.8 可知，重庆市农村居民和城镇居民人均可支配收入均低于全国平均水平。三峡库区 8 个重点区县的平均水平低于重庆市的平均水平。2017 年，中国农村居民人均可支配收为 13432 元，三峡库区重庆段区县为 12745 元，差距不是很大，但重点库区仅为 11945 元；城镇居民的人均可支配收入差距更大，三峡库区重点区县城镇居民人均可支配收入为 30865 元，全国平均为 36396 元，人均差异为 5531 元。

表 3.8　　三峡库区、重庆市、全国农村和城镇居民人均可支配收入情况比较　　单位：元

年份	农村居民人均可支配收入				城镇居民人均可支配收入			
	库区	重点库区	重庆市	全国	库区	重点库区	重庆市	全国
2013	8328	7766	8492.55	9430	22857	21330	23058.22	26467
2014	9398	8800	9489.82	10489	25178	23651	25147.23	28844
2015	10500	9841	10504.71	11422	27417	25885	27238.84	31195
2016	11605	10874	11548.79	12363	29935	28316	29609.96	33616
2017	12745	11945	12637.91	13432	32609	30865	32193.23	36396

资料来源：国家统计局、重庆市统计局 2013～2017 年数据。

但通过对三峡库区各区县城镇居民人均可支配收入及其增速的分析，可以看出，近五年三峡库区重庆段各区县每年城镇居民人均可支配收入除极个别区县外，增速均超过了重庆市城镇居民人均可支配收入的增长水平，但库区内各区县城镇人均可支配收入差距明显，以 2017 年为例，最高值为 36414 元，而最低值仅为 23112 元，差距为 13302 元（见表 3.9 和图 3.6）。

表 3.9　三峡库区各区县城镇居民人均可支配收入及其增速　　单位：元

地区	2013 年	2014 年		2015 年		2016 年		2017 年	
	人均可支配收入	人均可支配收入	增速	人均可支配收入	增速	人均可支配收入	增速	人均可支配收入	增速
重庆市	25216	25147	-0.003	27239	0.083	29610	0.087	32193	0.087
万州区	24224	25919	0.070	28459	0.098	31248	0.098	33967	0.087
涪陵区	24650	26149	0.061	28450	0.088	30897	0.086	33709	0.091
渝北区	27157	28563	0.052	30819	0.079	33546	0.088	36414	0.085
巴南区	26942	28040	0.041	30339	0.082	32978	0.087	35864	0.088
长寿区	24072	25388	0.055	27571	0.086	29915	0.085	32428	0.084
江津区	24108	25667	0.065	27951	0.089	30495	0.091	33331	0.093

续表

地区	2013 年	2014 年		2015 年		2016 年		2017 年	
	人均可支配收入	人均可支配收入	增速	人均可支配收入	增速	人均可支配收入	增速	人均可支配收入	增速
丰都县	19981	21749	0.088	23902	0.099	26268	0.099	28763	0.095
武隆县	22985	24526	0.067	27003	0.101	29703	0.100	32495	0.094
忠县	22912	24455	0.067	26778	0.095	29295	0.094	32107	0.096
开州区	20078	21903	0.091	23984	0.095	26262	0.095	28547	0.087
云阳县	17967	19737	0.099	21592	0.094	23611	0.094	25760	0.091
奉节县	18028	19792	0.098	21633	0.093	23634	0.092	25832	0.093
巫山县	19688	21351	0.084	23315	0.092	25483	0.093	27751	0.089
巫溪县	16375	18111	0.106	19687	0.087	21380	0.086	23112	0.081
石柱县	21170	22916	0.082	25116	0.096	27527	0.096	30087	0.093

资料来源：《重庆市统计年鉴》（2014～2018 年）。

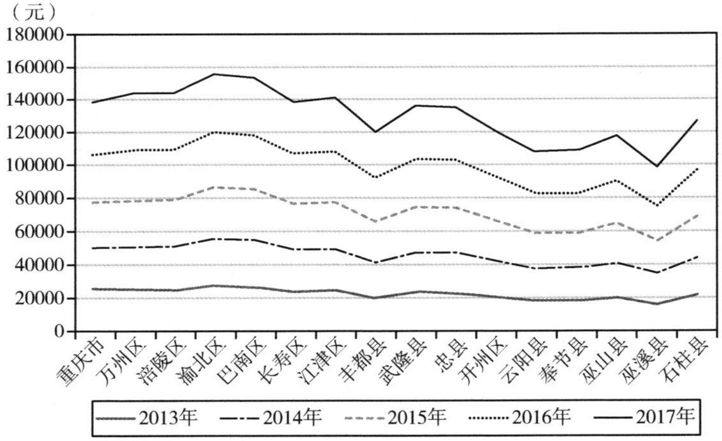

图 3.6 三峡库区重庆段各区县 2013～2017 年城镇居民人均可支配收入增长趋势

2013～2017 年三峡库区重庆段各区县农村居民人均可支配收入及其增速表可以看出，近五年三峡库区重庆段各区县农村居民人均可支配收入的增长呈现出明显的地区差异，2014～2015 年各区县的增速低于重庆市的整体水平，但 2016～2017 年连续两年的增速除极个别区县外，整体上超过了重庆市的增速。库区内地区发展不均衡，以 2017 年为例，农村居民人均可支配收入最高的区县达到了 16747 元，而农村居民人均可支配收入最低的区县仅为 8546 元，几乎仅为最高区县的一半（见表 3.10 和图 3.7）。

表 3.10　三峡库区各区县农村居民人均可支配收入及其增速　　单位：元

地区	2013 年	2014 年		2015 年		2016 年		2017 年	
	人均可支配收入	人均可支配收入	增速	人均可支配收入	增速	人均可支配收入	增速	人均可支配收入	增速
重庆市	8332	9490	0.139	10505	0.107	11549	0.099	12638	0.094
万州区	8618	9562	0.110	10729	0.122	11898	0.109	13088	0.100
涪陵区	8998	9963	0.107	11089	0.113	12253	0.105	13466	0.099
渝北区	10575	12458	0.178	13766	0.105	15074	0.095	16513	0.095
巴南区	10600	12548	0.184	13878	0.106	15252	0.099	16747	0.098
长寿区	10120	10863	0.073	12047	0.109	13252	0.100	14418	0.088
江津区	11279	12318	0.092	13722	0.114	15177	0.106	16695	0.100
丰都县	7861	8679	0.104	9729	0.121	10770	0.107	11869	0.102
武隆县	7633	8489	0.112	9562	0.126	10643	0.113	11744	0.103
忠县	8849	9803	0.108	10960	0.118	12100	0.104	13298	0.099
开州区	8238	9097	0.104	10170	0.118	11238	0.105	12299	0.094
云阳县	7236	8084	0.117	9054	0.120	9982	0.102	10960	0.098
奉节县	6746	7513	0.114	8385	0.116	9228	0.101	10151	0.100
巫山县	6265	6935	0.107	7733	0.115	8537	0.104	9357	0.096
巫溪县	5826	6392	0.097	7121	0.114	7826	0.099	8546	0.092
石柱县	7765	8586	0.106	9642	0.123	10674	0.107	11752	0.101

资料来源：《重庆市统计年鉴》（2014～2018 年）。

（2）居民消费结构变化。

随着城镇和农村居民整体生活水平的提高，重庆市和全国居民恩格尔系数不断下降，然而，农村和城镇居民之间的恩格尔系数仍然存在差距。根据联合国粮农组织恩格尔系数的标准，截至 2017 年，根

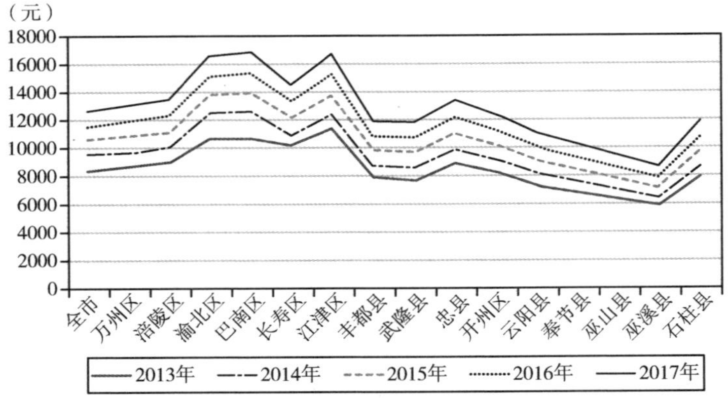

图 3.7　三峡库区重庆段各区县 2013～2017 年农村居民人均可支配收入增长趋势

据重庆和全国的城乡恩格尔系数，中国居民的生活水平已进入繁荣阶段，而重庆则有“大城市、大农村、大山区、大库区”的特殊市情，与全国平均水平还存在差距。由于数据的缺失，本书搜集了 2013～2017 年三峡库区各区县农村生活消费支出及其占比情况，可以看出生活消费支出在农村支出中的比例仍然偏高（见表 3.11）。

表 3.11　三峡库区各区县农村居民人均可支配收入及其在人均可支配收入占比

单位：元

地区	2013 年		2014 年		2015 年		2016 年		2017 年	
	人均生活消费支出	占比（%）	人均生活消费支出	占比（%）	人均生活消费支出	占比（%）	人均生活消费支出	占比（%）	人均生活消费支出	占比（%）
重庆市	5796	69.56	7983	84.12	8938	85.08	9954	86.19	10936	86.53
万州区	6694	77.67	8437	88.23	9646	89.91	11077	93.10	12352	94.38
涪陵区	7110	79.02	8366	83.97	9377	84.56	10424	85.07	11609	86.21
渝北区	7197	68.06	9482	76.11	9996	72.61	11540	76.56	12715	77.00
巴南区	6591	62.18	9178	73.14	10168	73.27	11193	73.39	12201	72.85
长寿区	6701	66.22	9017	83.01	9624	79.89	11237	84.79	11863	82.28

续表

地区	2013 年		2014 年		2015 年		2016 年		2017 年	
	人均生活消费支出	占比（%）	人均生活消费支出	占比（%）	人均生活消费支出	占比（%）	人均生活消费支出	占比（%）	人均生活消费支出	占比（%）
江津区	7321	64.91	8801	71.45	9942	72.45	11038	72.73	12135	72.69
丰都县	5003	63.64	6821	78.59	7487	76.96	8441	78.38	9590	80.80
武隆县	6244	81.80	7348	86.56	8484	88.73	9455	88.84	10099	85.99
忠县	5545	62.66	6625	67.58	7420	67.70	9615	79.46	10230	76.93
开州区	5416	65.74	7984	87.77	8867	87.19	9683	86.16	10552	85.80
云阳县	4979	68.81	5298	65.54	6460	71.35	7839	78.53	8805	80.34
奉节县	6015	89.16	5634	74.99	6335	75.55	7042	76.31	10294	101.41
巫山县	5507	87.90	6612	95.34	7347	95.01	7779	91.12	8491	90.74
巫溪县	5151	88.41	6282	98.28	6921	97.19	7756	99.11	8511	99.59
石柱县	6742	86.83	6434	74.94	6995	72.55	7907	74.08	8355	71.09

资料来源：《重庆市统计年鉴》（2014～2018 年）。

（二）三峡库区农村经济发展现状

1. 库区农林牧渔业总产值增长情况

由表 3.12 可知，三峡库区重庆段区县农林牧渔业总产值占到了重庆市农林牧渔业总产值的 49%，2017 年，重庆农林牧渔业总产值达到了 20093608 万元，三峡库区农林牧渔业总产值也达到了 9814229 万元，产值最大的为江津区，达到了 1257908 万元，其次是万州 1035525 万元。农村经济的地域差别较大，以 2017 年数据为例，最大产值为 1257908 万元，最小产值为 284547 万元，差距接近 100 亿元（见表 3.13 和图 3.8）。

表 3.12　　三峡库区各区县、重庆市农林牧渔业总产值　　单位：万元

地区	2013 年	2014 年	2015 年	2016 年	2017 年
重庆	15137376	15949591	17381486	19682751	20093608
库区	7428921	7836954	8531478	9634409	9814229
占比	0.49	0.49	0.49	0.49	0.49

资料来源：《重庆市统计年鉴》（2014～2018 年）。

表 3.13　　三峡库区各区县农林牧渔业总产值及其增速　　单位：元

地区	2013 年	2014 年		2015 年		2016 年		2017 年	
	总产值	总产值	增速	总产值	增速	总产值	增速	总产值	增速
重庆市	15137376	15949591	0.054	17381486	0.090	19682751	0.132	20093608	0.021
万州区	760381	814526	0.071	889327	0.092	999191	0.124	1035525	0.036
涪陵区	673653	721202	0.071	781686	0.084	879309	0.125	901665	0.025
渝北区	378394	385109	0.018	412651	0.072	452420	0.096	433424	-0.042
巴南区	601195	624756	0.039	672779	0.077	738864	0.098	739436	0.001
长寿区	492884	524719	0.065	574151	0.094	662490	0.154	673516	0.017
江津区	965344	1013935	0.050	1106759	0.092	1220680	0.103	1257908	0.030
丰都县	359942	381606	0.060	420598	0.102	475807	0.131	497194	0.045
武隆县	252558	267876	0.061	293209	0.095	339219	0.157	343571	0.013
忠县	456772	468769	0.026	512631	0.094	589895	0.151	598798	0.015
开州区	692698	736554	0.063	805667	0.094	912135	0.132	925705	0.015
云阳县	521548	553113	0.061	606891	0.097	690500	0.138	708389	0.026
奉节县	495988	523318	0.055	570943	0.091	649826	0.138	658299	0.013
巫山县	268748	281834	0.049	310043	0.100	356878	0.151	362112	0.015
巫溪县	205490	216346	0.053	238993	0.105	280424	0.173	284547	0.015
石柱县	303326	323291	0.066	335150	0.037	386771	0.154	394140	0.019

资料来源：《重庆市统计年鉴》（2014～2018 年）。

2. 农产品及特色农产品供给

2017 年，三峡库区重庆段区县农林牧渔业总产值 981.43 亿元，其中，粮食产量 552.79 万吨，油料产量 25.39 万吨，烟叶产量 3.89 万吨，水果产量 298.49 万吨，蔬菜产量 888.61 万吨，猪肉产量 68.97 万吨（见表 3.14）。农产品种类多，境内农副产品富集。

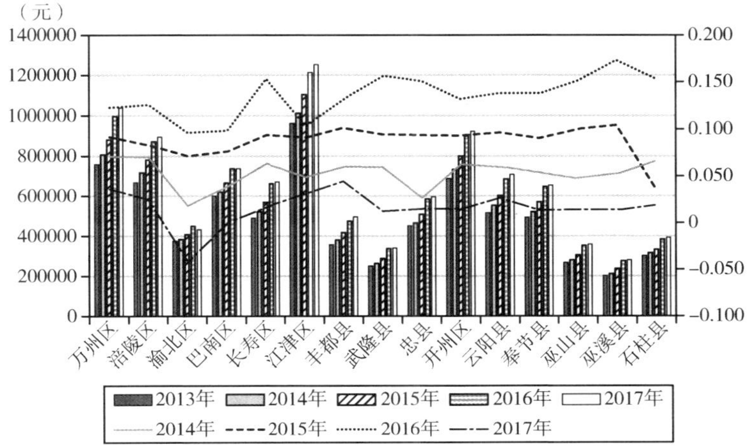

图 3.8　三峡库区 2013～2017 年农林牧渔业总产值增长趋势

表 3.14　　2017 年三峡库区各区县农产品产量概况

地区	农林牧渔业总产值（亿元）	粮食产量（万吨）	油料产量（万吨）	甘蔗产量（万吨）	烟叶产量（万吨）	茶叶产量（万吨）	水果产量（万吨）	蔬菜产量（万吨）	猪肉产量（万吨）
巫山县	36.21	23.69	2.06	0.00	0.71	0.04	9.70	25.63	3.78
巫溪县	28.45	24.35	1.44	0.00	0.39	0.08	1.47	24.66	4.10
奉节县	65.83	44.62	2.87	0.00	0.76	0.04	37.19	32.91	5.46
云阳县	70.84	43.18	2.11	0.08	0.07	0.08	25.31	52.64	6.11
开州区	92.57	62.31	3.15	0.62	0.02	0.06	53.21	50.03	7.52
万州区	103.55	53.18	2.03	0.04	0.11	0.09	45.21	110.53	6.49
忠县	59.88	41.70	3.37	0.15	0.02	0.06	38.14	29.01	5.10
涪陵区	90.17	45.25	0.73	0.06	0.18	0.08	15.68	228.20	5.79
丰都县	49.72	34.60	2.15	0.05	0.37	0.00	0.23	41.54	3.53
武隆县	34.36	18.33	1.09	0.00	0.76	0.03	9.56	59.10	3.45
石柱县	39.41	26.54	1.07	0.00	0.42	0.02	1.74	39.57	2.65
长寿区	67.35	37.70	1.28	0.11	0.00	0.00	26.21	35.39	4.77
江津区	125.79	67.13	1.78	5.24	0.04	0.15	29.42	92.78	7.01
巴南区	73.94	30.20	0.25	0.07	0.05	0.30	5.42	66.62	3.21
合计	938.08	552.79	25.39	6.43	3.89	1.04	298.49	888.61	68.97

资料来源：《重庆市统计年鉴 2018》。

由于三峡库区特殊的地形及气候，在三峡库区，除了种植传统的粮食、油料之外，也盛产丰富的水果和中草药。随着现代农业加快发展，三峡库区也积极打造休闲农业与乡村旅游相结合的特色发展，武隆县和开州区被评为全国休闲农业与乡村旅游示范县，云阳县三峡库区峻圆生态休闲观光产业园、石柱县八龙莼乡休闲农业示范园、奉节县长龙山山地观光农业示范、忠县金色杨柳生态旅游观光区四个区县的休闲农业园被评为全国休闲农业与乡村旅游示范点（见表 3.15）。

表 3.15　　三峡库区 14 区县特色农产品

区县	特色农产品
巫山县	巫山脆李、巫山纽荷尔、巫山魔芋、巫山庙党
巫溪县	马铃薯、红薯、玉米
奉节县	脐橙、油橄榄、红豆杉、中药材等“333”特色效益农业
云阳县	柑橘、牛羊、黑木耳、乌天麻、阳菊
开州区	柑橘、大鲵、中药材、山羊
万州区	万县红橘、香橙、柠檬、三峡虹红阳猕猴桃、榨菜、胭脂鱼、黄羊
忠县	柑橘、优质粮油、健康畜牧、绿色蔬菜、生态水产、休闲农业
涪陵区	涪陵青菜头、榨菜、花卉、柑橘
丰都县	肉牛、红心柚、烤烟、林业、苎麻
武隆县	高山蔬菜、草食牲畜、特色林果、生态渔业、高山茶叶
石柱县	辣椒、黄连、莼菜、冷水鱼、猕猴桃、脆红李、高山蔬菜
长寿区	晚熟柑橘、沙田柚及蛋鸡
江津区	富硒特色效益农业
巴南区	鱼洞乌皮樱桃、五布红心柚、五布红橙

近年来，随着农村农产品市场化程度的不断提高，农业“大生产、大市场、大流通”的格局逐渐形成，规模不断扩大。农民消费结构也在不断发生变化，逐渐向城市集中，农村现代流通市场网络正在兴起，极大地推动了库区农业和农村经济的发展。

（三）三峡库区农副产品流通发展现状

农产品流通体系构架从整个农产品流通的角度，包括生产、加工、运输、销售、消费，来研究农户与农产品流通中介组织、农产品流通中介组织与市场、市场与消费需求之间的关系，是农产品物流、信息流和流通服务的统一体。

三峡库区农产品流通市场目前的主要流通主体为农户、农民合作社、农产品加工企业以及经销商，形成以农贸市场和批发市场为主要载体的格局。市场是农产品流通的载体。在互联网和电子商务平台的推广下，一些电商企业（如淘宝网、京东、苏宁易购等）也成为农产品流通的载体。

三峡库区现有的农产品流通模式除了传统的“农户＋消费者”这种自产自销的流通模式之外，主要有“农户＋收购小贩＋批发商＋零售终端”“农户＋龙头企业＋批发商＋零售终端”“农户＋农民合作社＋龙头企业＋（批发商）＋零售终端”以及“农户（农村合作社）＋零售终端（超市）”等。在农产品流通体系建设中，除了传统的农户和农民合作社之外，也会结合地区特点，提出特色的农产品流通模式。例如，丰都县结合本地特点，提出“企业（公司）＋联合社＋合作社＋基地＋农户”抱团发展模式和“企业＋连锁店＋合作社＋基地＋农户”联动共赢模式。

“农户＋收购小贩＋批发商＋零售终端”：这类农产品流通模式有着较大的依赖性，即依赖小贩，依赖农产品的数量。这种模式虽然简单，但却不稳定，交易关系无法长期维持，农民自身利益也由于这些长链流通渠道而受到挤压（见图3.9）。

“农民＋龙头企业＋批发商＋零售终端”：农民采取与龙头企业合作的方式，签订合同，根据合同要求来进行农产品种类和数量的种植，龙头企业只需要定时收购、深加工和销售，又称为订单农业。这

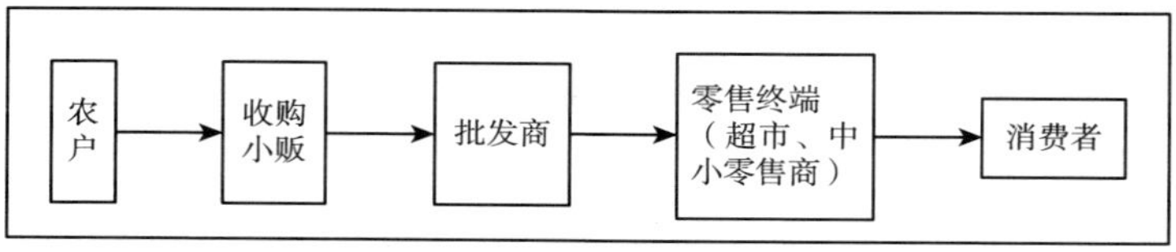

图 3.9 “农户 + 收购小贩 + 批发商 + 零售终端” 流通模式

种农产品流通模式在一定程度上保证了农户的利益，但其维护纽带只有一纸合同，容易发生毁约；农民在企业面前属于弱势，没有话语权，而企业却可以随意选择适合企业利益的农民的农产品。

“农民 + 农业合作社 + 龙头企业 + 批发商 + 零售终端”：该模式加入了农业合作社环节，属于针对第二种模式的一种改良模式。农业合作社的主要职责，是按照企业需求农民进行农产品计划生产，并对生产过程进行技术、资金的支持，在农产品达到收购要求时与企业一起进行验收。虽然这种农产品流通模式值得肯定，但是这种农业合作社在现在我国还不够成熟，存在很多漏洞，在合适人员选择上也存在着问题（见图 3.10）。

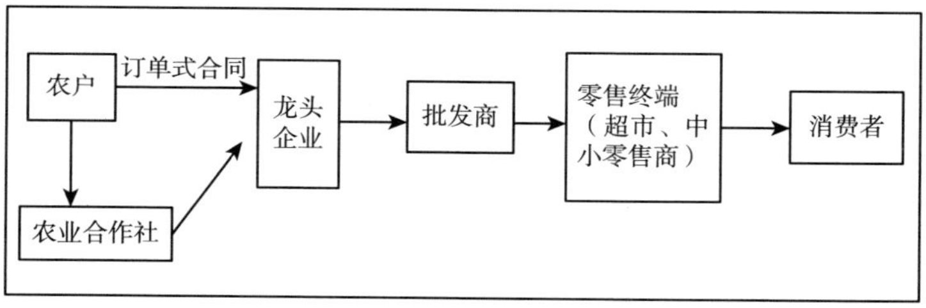

图 3.10 “农民 +（农业合作社）+ 龙头企业 + 批发商 + 零售终端” 模式

“农民（农业合作社） + 零售终端（超市）”：该模式又称“农超对接模式”，只由生产方和销售终端两者组成，中间环节被省略，消除了中间环节的成本浪费，将农民和销售端的利益最大化，可以说是之前几种模式的优化模式。但是这种模式对于作为销售端的超市有着太多的要求，而很多农产品属于鲜活产品，在运输和储存上都是超市销售终端急需解决的问题；农民也会面临“店大欺客”的现象，而且农产品的运输多为农民自己进行，很难把握农产品的新鲜程度。

“企业（公司）+联合社+合作社+基地+农户”的抱团发展模式：主要由公司提供资金、技术和服务，农户以土地确权入股、现金入股或者土地流转等形式加入合作社，由合作社独立核算经济效益，联合社进行“六个统一”即：统一生产规划、统一供种育苗、统一施肥防病、统一信息服务、统一品牌包装、统一人才培训；企业进行保底收购、宣传营销和集中销售。集中用好“土地、劳动力、资金、技术”等资源，抱团做大做强地方产业，以产品购销规模作为物资购进、产品销售的最大优势，形成区域内具有较强影响力的产品品牌。典型代表有丰都县木犀中药材专业合作社联合社、丰都县三元红心柚专业合作社联合社等（见图3.11）。

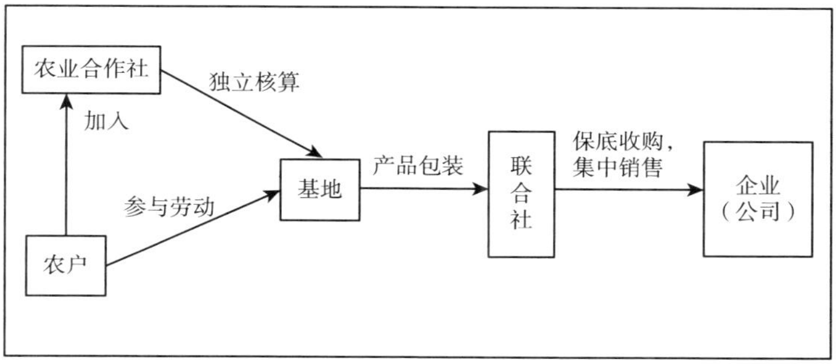

图3.11　“企业（公司）+联合社+合作社+基地+农户”模式

“企业+连锁店+合作社+基地+农户”联动共赢模式：采用“农头带动、统分结合、一次分红、二次返利、兜底回收、品牌销售”，由合作社统一育苗供种、统一监理管护、统一饲料（农资）供应、统一病害防治、统一技术培训、统一收购销售等服务，企业以保障农户利益为前提进行保底价格回收，以连锁门店等形式将产品精细化、品牌化销售，形成产品联动互助共赢模式。典型代表有祥瑞土鸡股份合作社与丰都孙记麻辣鸡、秀琼藠头合作社与明富实业有限公司（见图3.12）。

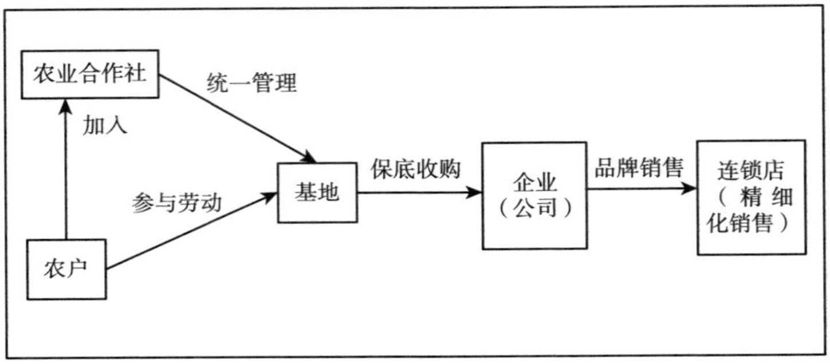

图 3.12 “企业 + 连锁店 + 合作社 + 基地 + 农户”模式

近年来，随着互联网的发展，农产品流通模式也引入了互联网平台，形成“电商企业 + 政府 + 合作社 + 农户”农产品网销模式。通过电商平台的模式是创新模式，巫溪县正着力抓好农产品现代流通体系建设，创新农产品流通模式，鼓励致恒科技、联嘉商贸、丰谷农资、汇域农产品等企业发展农产品电子商务，通过发展农村电子商务拓宽农产品销售渠道。

3. 农产品流通环境

为保障农产品的交易流通，各个地区均制定了相关的方针政策，坚持“产业向园区集中、人口向城镇集中、生产要素向规模经营集中”原则，建立多个冷链物流系统、标准配送仓库设施，与邮政等物流建立战略合作协议，建立完善县、乡、村三级物流配送体系，解决县到乡镇、到村的配送问题，形成以邮政、顺丰、“三通一达”等为基础的电商物流配送体系。

同时加强物流配送资源整合，引导和扶持全县快递物流企业“退城进园”，推进城乡物流配送体系建设，构建“工业品下乡、农产品进城”的线下通道。在电子商务平台的推广下，加强培育本地特色农产品品牌，并全力推动产品走出库区、走向全国。如丰都县积极打造“恒都牛肉”“孙记麻辣鸡”“乡姑榨菜”“三元红心柚”等一批网销品牌。

随着电子商务的发展方兴未艾，库区各区县重点对“电子商务进农村”进行建设，着力完善城市配套功能，降低“最后一公里”物流成本。库区各区县将农村电子商务作为推动“三农”转型发展的新引擎，成功引进阿里巴巴、京东、苏宁易购等电商巨头入驻，建成投运县级电商运营中心和地区特色农业产业园。

例如，丰都县在水天坪工业园区建立丰都特色馆，以网络营销为主攻方向，积极引导实体经济与电子商务融合发展，鼓励传统涉农企业在第三方 B2B、B2C 平台开展“触网”销售，培育“恒都牛肉商城”“绿汇食材商城”“指尖上的丰都”等本地网销平台，打造“恒都牛肉”“孙记麻辣鸡”“乡姑榨菜”“光明牛肉干”“三元红心柚”“群芸麻花”等一批本地网销品牌。

在巫溪县，依托邮政公司在墨斗城亿联商贸城建设电商物流园，其中电商办公中心 2000 平方米，农特产品展销中心 500 平方米，快递收发中心 6500 平方米，电商服务中心（网店示范店，质量检测中心）1000 平方米，解决巫溪所有进出口物流的分发处理和物流配送，同时为电商网点提供仓储等功能，保障农产品流通的畅行。

二、三峡库区农村电商扶贫现状

（一）三峡库区农村电商扶贫开展概况

电子商务在农村的推广应用已经成为推动“三农”发展的强大引擎。通过电子商务打通深山与外界的联系，一方面让“久藏深闺无人识”的优质农产品直接面向市场，提高贫困农民收入；另一方面促进“工业品下乡”减少贫困农民生活开支。目前，各地区结合自身产业特点和电商需求，瞄准贫困村的产业和贫困户的产品，以增加群众收入为核心积极推动农村传统生产、经营主体转型升级，创新商业模式，促进业务流程和组织结构的优化重组，增强产、供、销协同能力，实现线上线下消费融合发展。加强与服务业企业、金融机构的合作，提高大数据分析能力。支持电子商务企业渠道下沉，拓展农村市场。充分发挥农村电子商务对农业生产的推动作用，加快农产品标准化建设，支持企业制定农产品分级、产品包装、物流配送等行业标准。引导和支持新型农业经营主体、供销合作社、扶贫龙头企业、涉农残疾人扶贫基地等自建区域性电子商务平台或与第三方电子商务平台合作。

自 2014 年起，为推动农村流通现代化，完善农村现代市场体系，商务部选取全国 8 个省份试点开展电子商务进农村综合示范工作。2014 年至今，此项工作由初步试点到逐步展开，各项政策连续出台。为贯彻落实 2016 年《中共中央、国务院关于打赢脱贫攻坚战的决定》精神，自 2016 年起，综合示范向贫困地区倾斜，并增加国务院扶贫办为工作牵头部门。五年来，综合示范累计支持示范县 1016 个，其中国贫县 737 个，占示范县总数的 72%。至 2018 年，初步测算有 88.6%的国贫县都纳入了综合示范工作范畴。重庆累计有 17 个区县被纳入全国电子商务进农村示范工程，其中三峡库区共有石柱县、云阳县、忠县、丰都县、武隆县、开县、奉节县、巫山县、巫溪县、万州区等 10 个区县，在示范工程的建设过程中，丰都县、巫溪县、石柱县、云阳县、武隆县、奉节县等地的农村电子商务发展具有一定的代表性。

丰都县全年新发展村级电商服务点 120 个、本地电商经营主体 500 个，采取网络线上销售与农资进超、农企对接等线下营销结合模式扩大农产品销量，提高市场占有率。推进农业信息进村入户，将现代信息技术应用于农业生产，鼓励对大田种植、畜禽养殖、渔业生产等进行物联网改造，示范推广农业物联网应用。同时，丰都县鼓励电子商务企业在丰都落地，如支持恒都公司在上半年组建具有跨境资格的营销公司、冷链物流配送中心和交易结算中心，加大对品质土特产品包装力度，让农产品线下进入大型商超和大型餐饮连锁，线上以农村淘宝、京东为平台销售全国。

巫溪县将电子商务与精准扶贫相结合，依托良好的生态环境，打造生态产品会员制订单农业，形成从生产端到销售端之间的供应链体系，探索出农村生态食品进社区的“社群＋网”模式，实现互联网与传统产业融合，着力推动农产品上行。同时，建立生态农特产品电商体验店，实行O2O体验消费，满足更多消费人群的健康生活需要，增强巫溪农特产品影响力，推动巫溪县电子商务发展。另外，不断加强并统一区域品牌，强化农特产品推广工作，利用品牌效应助推农村电商。

石柱县目前已建成集农村电商服务、便民超市功能于一体的贫困村电商综合服务站点85个，实现农村全覆盖。通过“网上村庄”、邮乐购石柱馆、易淘等电商平台与贫困村有针对性地开展农网对接，网销石柱县的农特产品。帮助贫困户销售农产品300万元以上，打造出以“石柱莼菜”“石柱红辣椒”等为主的一批网销品牌，目前石柱线下体验馆已入驻地方特色农产品厂商50余家，已建成208个电商公共服务站点，全县乡镇（街道）、村服务站点覆盖率达76%，其中85个贫困村已实现全覆盖。建成200平方米集农特产品展示馆、旅游文化产品展示馆、线下体验馆等功能为一体的石柱特色馆，加紧推进与苏宁、阿里、京东等知名平台合作建设线上特色馆。完善了县、乡、村三级物流配送体系和城市末端配送网点建设，初步实现了“农村物流＋电商”二合一的服务模式，县—乡镇（街道）—村可实现当日送达。

云阳县按照“政府推动、市场主导，夯实基础、搭建平台，整体推进、重点突破”发展农村电商。云阳建成了318个电商综合服务站点，贫困村电商服务点162个。培训农村电商人员648人，平均每个乡村达到4人。通过培训，涌现出了乡村电商带头人187个。按照

“一店带多村”的农村电商模式，20 家电商企业与农坝、新津等 36 个乡镇村实现对接。开发了快递物流公共信息平台，采取“三定四统”的配送方式，目前已有 106 个乡村实现了快递物流可通达。

武隆县紧紧围绕渝东南生态保护发展区功能定位，把电子商务作为全县重要的新兴产业和县域经济发展的重要支柱，以促进农特产品触网营销、开拓农村电子商务消费市场为主攻方向，整合电子商务、流通、邮政、供销等资源，构建起农村电子商务三级服务体系。武隆县围绕农业 6 条精品示范线路和 49 个产业示范基地，合理布局和精心培育了乡村旅游、绿色蔬菜、有机茶叶、特色林果和配套加工等绿色产业体系，同时按照 1500 元/户的到户补助标准，扶持农户参与线下产品基地建设与发展。围绕农民增收这一核心，推出电商扶贫新模式，启动了乡村旅游电商村建设，首批启动双河乡木根村、仙女山镇石梁子村等 5 个试点村建设，发挥电商强大功能，采取虚拟网络和实体架构相结合的经营模式，助推乡村旅游蓬勃发展。

奉节县出台《奉节县电商扶贫设施方案》，以持续增加贫困群众收入为核心，按照“全面覆盖、重点打造、示范带动、务求实效”的原则，依托阿里巴巴农村淘宝平台，培育壮大电子商务经营主体，通过“网货下乡”和“农产品进城”，帮助群众节支增收，让农村电商成为脱贫致富的新引擎。首先，结合阿里巴巴集团“千县万村”计划，推进农村淘宝服务站建设，鼓励大学生村官、待业大学生、农村经纪人等创业者开网店，发展农村淘宝服务站 250 个以上、网店 400 个以上，实现行政村网店全覆盖；其次，电商资源向贫困乡（镇）村倾斜，重点扶持贫困村建设，鼓励贫困村在校大学生、外出务工人员等返乡创业开网店，确保每个贫困村至少发展 2 个网店，全县 135 个贫困村凸显电商扶贫优势，同时，在村淘服务站搭载网络代购、金融服务、事务代办等便民措施，方便贫困户生产生活。现已形成特色鲜明、产业优势突出、带动效应明显、业态互补性强的电商扶贫体系，带动全县 135 个贫困村、34185 户建卡贫困户、124425 名贫困人口，通过农特产品网上销售和电商创业就业，实现户均增收2000元以上。

2016年三峡库区部分区域农村电子商务概况如表3.16所示。

表3.16　　2016年三峡库区部分区域农村电子商务概况

地区	村级电商服务点个数	本地电商经营主体个数	农村电商培养人次	带动农村个数	核心电商平台
丰都县	120	500	5000	44	丰都馆
巫溪	170	621	4400	22	巫溪网
石柱县	208	300	7000	85	幸福石柱
云阳县	318	1331	1000	162	淘宝中国特色云阳馆
武隆县	186	551	1600	75	中国特产·武隆馆
奉节县	250	600	2000	135	淘宝奉节特色馆

（二）各地区农村电商工作实践

目前，各地区以国家实施“互联网+”战略为契机，通过财政资金引领，整合各方面资源力量，在农村扎实开展电商知识普及、电商技能培训、产销对接等活动，培育农村电商环境，推动贫困村创新发展；设立农村电商试点，建立村级电商服务体系，实现“三有一能”目标，即县有农村电子商务服务中心，乡有电子商务服务站，村有电子商务服务点，乡村居民能通过电子商务购买生产生活资料、销售自产产品等服务；结合农村主要农产品种植情况，确立特色产业和主导产品，将农户的小散乱、非标准化的农产品集中规划，制定适应电子商务的农产品质量、分等分级、产品包装、业务规范等标准，推进扶贫产业标准化、规模化、品牌化；采用“公司+合作社”的合作构架，紧密带动了贫困户接受电商服务。线上平台为公司，线下在农村组建合作社。合作社以农户为主体，将分散、弱势的贫困户纳入电商体系，提高贫困户收入；积极支持农户利用村淘、苏宁易购、微信、垂直电商等平台销售农产品的基础上，大胆创新农村电商模式。采用“乡村旅游+农产品销售”相结合，组织消费者到乡村地区消费，通过线上预订、线下消费、后备厢购买的方式，突破销售难题（见图3.13）。地区根据自身区域特色制定相应的实践方案，下面以丰都县和巫溪与巴南为例。

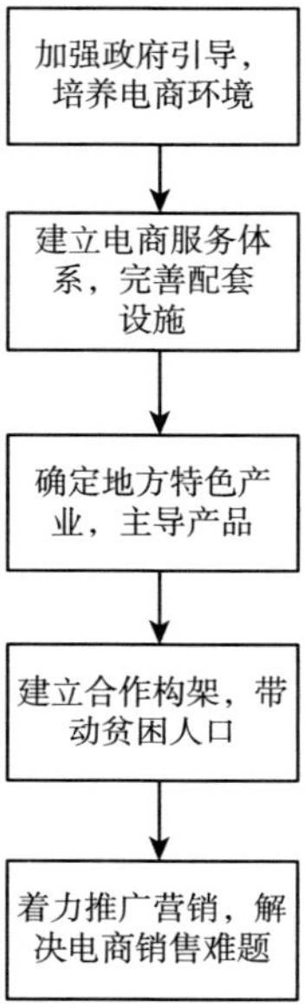

图3.13　农村电商工作实践路线

（三）三峡库区农村电商扶贫工作实践

1. 丰都县农村电商扶贫工作实践

（1）以农村电商服务平台，实现工业品下乡。

利用农村淘宝平台，通过举行电商扶贫暨“淘宝年货节·旺农贷”活动，网购工业品50000多元；实现网销农产品15000多元。利用农村淘宝村级服务站的渠道优势，全县合伙人“春耕”节期间为村民代购代销优质农资农具金额近500万元。通过网络的便利为村民节省了消费型支出。全县20名村淘合伙人获得阿里巴巴网商银行“旺农贷”授权，累计向村民发放“旺农贷”112万元。京东集团举行电商扶贫招工活动，定向招收建档立卡贫困家庭劳动力，丰都县贫困村的38名村民被录用为京东集团的正式员工，拓宽了农民增收渠道。

利用“江渝惠”“江渝微社区”电商平台，拟将扶贫示范企业的恒都牛肉以及其他农产品进入电商渠道，帮助企业扩大销售范围，助推扶贫工作。针对贫困群众缺资金、缺技术、缺劳力等实际情况，探索出母牛领养、肉牛托养、庭院牧场的发展模式，打破产业发展与脱贫攻坚“瓶颈”。目前，丰都肉牛产业对贫困农户增收贡献率达25%，带动5100余户贫困群众参与。全县散养肉牛13.89万头，养牛企业达35家，不仅实现了精准扶贫，也壮大了肉牛产业。

丰都县以电子商务进农村作为行业扶贫的重要抓手，以开拓农村电商消费市场、促进贫困地区农特产品触网营销为主攻方向，以建平台、拓窗口、增网络、促创业为重点，将全县95个贫困村纳入电商进农村建设范围，搭建农产品出村进城、工业品下乡进村的电子商务服务配送体系和网络平台。通过推进农村淘宝、京东等农村电商示范点扶持当地的二段物流，打通农村“最后一公里”基础物流，以实现地网扶贫。同时提供村淘合伙人岗位吸引更多年轻人返乡创业就业，以实现人网扶贫。这些年轻人把互联网的思维带回农村，成为农村与互联网与外面世界的重要链接者，引导农村居民的消费习惯和消费理念。除此之外，将互联网金融、医疗、教育等带进农村。网商银行联合芝麻信用深入农村，与邮储银行、农信社等当地机构探索信用合作，通过旺农贷为农民提供小额贷款；淘宝教育深入农村解决当地留守儿童教育问题；阿里健康与医院合作在村淘站点做远程医疗等。丰都的电商扶贫下一阶段将加快人才教育、吸引人才回流，帮助农村完善物流等基础设施以及帮助农业产业升级等方面一起发力。

（2）以专项资金支持农村电商。

电商扶贫资金用于补贴“网上村庄”电商扶贫合作社和支持电商平台建设。运用于合作社运转、合作社物流、仓储、电商扶贫平台开发、产品包装、活动策划、信息采集、数据维护、社员培训等方面。对新建的“网上村庄”电商扶贫合作社，经验收合格给予不超过3万元补贴。已经验收投入营运的“网上村庄”电商扶贫合作社，每年进行一次营运考评。经考评合格后，每个合作社不超过20万元补贴。获取补贴的“网上村庄”电商扶贫合作社社员不低于100户。其中，建卡贫困户不低于20户，愿意加入合作社的建卡贫困户无条件限制纳入，并优先享受销售农产品的权利。

2016年年初，阿里“旺农贷”落地丰都，成为全市第一个办理“旺农贷”的区县。全县共有20名村淘合伙人获得阿里巴巴网商银行“旺农贷”授权，已累计向村民发放“旺农贷”112万元。

（3）培养农村电商人才、创造农村电商氛围。

围绕打造“三个中心”展开，一是打造电商生态服务中心，集商业、健康、教育、金融为一体的生态中心；二是打造电商创业孵化中心，通过农村淘宝培养一批电商人才，依靠政府的支持，对电商人才进行培训；三是打造电商公益文化，通过村服务中心搞一些亲子活动，丰富农村的文化活动，吸引年轻人回乡建设。

此外，丰都还建设了“电商扶贫+乡村旅游创业一条街”，将当地的特色农产品进行线上、线下集中展示销售，打造独具特色的山货集市，拓展农产品销售渠道，增加农民收入，助力脱贫攻坚。

2. 巫溪县农村电商扶贫工作实践

（1）打造生态产品会员制订单农业，加强帮扶对接工作。

消费者通过公司平台下单定制，公司组织农户分户散养的方式，形成仔猪（鸡仔）选定、喂养过程监管、回收检测、销售及售后服务“一条龙”服务。在组织农户的过程中，政府应加强识别，落实具体扶贫措施。一是为贫困户提供技术指导，公司聘请养殖专业人士，负责贫困户养殖标准、消毒防疫等技术指导；二是保价订单收购，帮扶资金设立专项补助资金，产业发展初期，对建卡贫困户纯粮食猪和土鸡进行保价收购，补助高出市场价 30% ~40% 的价格部分；三是为建卡贫困户购买生猪养殖保险，保期 5 个月，20 公斤以上起保，20 ~40 公斤补偿 300 元/头，40 ~60 公斤补偿 400 元/头，60 公斤以上补偿 500 元/头。

目前，已在城厢、大河、古路、朝阳、乌龙、长桂 6 个乡镇试点计划，计划扶贫 1000 户，每户养殖粮食猪 2 ~4 头，土鸡 10 ~30 只，户均增收 18000 元，1000 户全年可增加收入 1800 万元。

（2）建立生态农特产品电商体验店，实行 O2O 体验消费。

为了让更多生态农特产品销售到市场，满足更多消费人群的健康生活需要，巫溪县在县城内、主城及其他区县建立生态农特产品电商体验店，广大消费者可以亲自体验，享受方便快捷的服务。一是在县城内建立电商体验店，位于县城马镇坝逍遥广场负一楼“我的家”生活广场内体验店面积约 200 平方米，基础设施及装修工程已全部完成，近期可全面投入使用。二是在主城区建立电商体验店，位于渝北区鲁能星城 2 街区特色品牌“巫溪烤鱼”直营店于 3 月 14 日已正式营业，实现“餐饮体验、特产展销、文化旅游宣传”等功能，塑造和传播巫溪的烤鱼文化、巫文化、原生态文化和快时尚文化，这是将巫溪特色产业推向全国的一个良好开端。位于重庆两江新区龙城国际一期体验店于 2016 年 2 月建成并运营，将巫溪农特产品在香普堂美食体验中心做成系列美食进行销售。渝中区体验店装修已基本完成，计划近期正式运营。三是在其他区县建立电商体验店，位于万州区周家坝巫溪产品体验店正在筹建中，下步将在更多区县建立巫溪体验店，畅通巫溪农特产品销售市场。

（3）统一区域品牌，强化农特产品营销推广。

一是为提高农特产品市场价值和影响力，统一本地品牌形象，巫溪县通过政府推动，统一对本县农特产品进行包装策划、设计、媒体推广，统一打造巫溪产品区域性品牌“友山友水”，利用品牌效应助推精准扶贫。品牌设计包括生鲜类、蔬菜类、特色腊肉类、特色干货类五大类别共 30 余种产品。二是与镇坪、竹溪、竹山、城口等周边区县共同打造秦巴山区农特产品品牌，共用电商平台，探讨互返佣金销售模式。

3. 忠县农村电商扶贫实践

2016 重庆市忠县先后被确定为商务部“电子商务进农村综合示范县”“全国供销合作总社电子商务示范县”称号，在农村电子商务示范建设上，主要是采取“自建平台 + 自营物流 + 自控品质 + 分销分仓”的电子商务模式，积极助推农产品触网，拓宽贫困户增收渠道。

（1）建立本地电商服务平台。

自 2016 年以来，忠县先后建立起本土电商服务平台——主流、万众电商营运公司，并借助这些本地平台优势，通过网络网群、微博微信等广泛推介忠州特产，目前实现日均 2000 多元的销售额。

在完善电商供地、农产品产地集配中心、健全物流配送体系基础上，忠县建立“电商 + 金融”综合平台柑橘网，健全特色农产品供应链，吸引全国柑橘农贸、基地、经销商等全产业链资源，聚焦管理、交易、金融三大核心业务，形成数字生态圈，实现柑橘“买全国、卖全国”。2017 年 10 月上线至今，触网用户 45103 人，金融贷款 1.1 亿元，累计销售额达到 17.8 亿元，荣获“2018 中国大数据应用最佳实践案例”。

（2）建设电商特色馆，建设区域公共品牌。

建设运营了 1 号店特色中国忠县馆、邮乐网忠州特产馆，对全县 30 多个特色优势品牌农产品进馆进行展示展销，其中，邮乐网忠州特色馆上线运行一个月以来，下单 650 个，销售收入近 2 万元。

作为传统的农业大县，忠县依托国家现代农业示范区、国家农业科技园区以及无公害水果标准化生产示范县建设，形成以柑橘为特色的主导产业，以优质粮油和健康牧畜为主的优势产业，以绿色蔬菜、生态水产、休闲农业为主的三大特色产业，尤其是“中国柑橘城”驰名中外。2018 年忠县将春见、红美人、沃柑、默科特、塔罗科血橙、纽荷尔脐橙、福本脐橙等 7 个品种的柑橘纳入“忠橙”区域公用品牌管理（见图 3.14）。

图 3.14 忠橙 logo

“忠橙”柑橘区域公用品牌的使用和管理实行“自愿申请，授权使用，动态管理”原则，由县果业局制定《“忠橙”柑橘生产技术规程》和《“忠橙”柑橘产品标准》，统一标准、统一包装、统一标识、统一管理，授权使用。忠县辖区内符合条件的柑橘专业合作社、家庭农场、种植大户、柑橘果园等农业经营主体均可自愿申请。对获得“忠橙”品牌使用的主体，相关行业主管部门在产业发展政策方面给予优先扶持。目前，全县已发展无公害农产品认证 93 个、绿色食品认证 31 个、有机农产品认证 7 个。

县商务局等相关部门全面加强网货打造和品牌营销，推进特色产业标准化、规模化、信息化、品牌化，利用“两微一端”等新媒体，持续开展“诗意山水 · 千年忠橙”“忠州鲜笋 · e 路追竹”等系列营销活动，有效推动了交易额的提高。2018 年，“忠橙”品值 8.86 亿元，获得“三峡柑橘十佳名品”称号，全年通过电商销售柑橘 1500 余万公斤，销售笋竹 500 余万公斤，总体实现销售额 3.5 亿元。

（3）宽领域推进跨界新融合。

与苏宁云商签订《农村电子商务发展战略合作框架协议》，在农村电商、O2O体验中心、互联网消费中心、智能绿色物流、互联网人才培养与引进等领域展开合作，同时还与知名企业合作，与中国邮政、阿里巴巴农村淘宝展开合作。其中，阿里巴巴集团农村淘宝在县里建设农村淘宝公共运营服务中心，2018年年底计划共建设70个农村淘宝村级服务站点。

2018年，在忠县人民政府支持下，重庆贡天下电子商务有限公司联合阿里巴巴·淘抢购组织的“寻味原产地·忠县”主题活动在淘抢购平台上线，通过大型电商平台集中流量向消费者推荐忠县特色农产品。活动精选忠县优质鲜果忠县柑橘、千余年生产加工历史的忠县特色美食忠州腐乳以及川渝特色火辣美味手工剁椒酱等十余款忠县特色农产品，进一步推广了忠县特色农产品，带动当地农户持续增收，落实电商精准扶贫工作。

为了在推动产业中筑牢扶贫根基，忠县在初步建成柑橘、笋竹“产、加、销、研、学、旅”一体化经营体系中，探索建立电子商务与柑橘、笋竹特色农产品、旅游休闲度假等跨业态融合模式，大力发展休闲农业和个性化、体验式农村电商服务。依托“三峡橘海”“三峡橘乡田园综合体”“柑桔时空馆”“巴曼竹韵”“八斗台低碳竹海”“石宝寨”“烽烟三国”等名胜景点，吸引游客300余万人次。

（4）完善三级农产品流通体系。

“农村电商发展，解决物流问题特别是农产品流通‘最初一公里’是关键。”忠县商务局负责人介绍，坚持电子商务进农村为契机，重点建设1个县级运营中心、29个乡镇（街道）服务中心、300多个村社服务站（点），构建完善的三级农产品流通体系；同时还建设城乡共同配送体系，依托邮政、供销社、商贸流通批发企业、医药配送企业的物流体系，整合顺丰、圆通、中通、韵达等快递公司，形成以城区为中心、乡镇为节点，连接城镇，辐射乡村；同时还倡导生鲜大篷车建设，推广“农—企—校”点对点的对接直供经营模式，实现农超对接、农商对接等模式，疏通农产品流通渠道。

（5）产业扶贫，建设柑橘全产业链。

2017 年，忠县优质柑橘产量达到 34 万吨，实现基地果园、加工销售、运输物流、生态旅游等综合产值近 29 亿元。

柑橘种植在忠县的发展可以分为两个阶段：第一个阶段是加工柑橘独霸一方时期。1997 年，忠县引入了总投资 9.85 亿元的施格兰·三峡柑橘产业化项目，该项目是三峡库区最大的农业招商引资项目，被列为全国标准化农业示范区，自此当地开始大规模推广哈姆林、特罗维塔、奥林达等适宜用于加工的柑橘品种。2001 年后，加工柑橘在忠县进入快速发展期。2015 年是个分水岭。2015 年后，随着晚熟柑橘行情不断走高，加之四川地区高接换种大潮兴起，忠县很多柑橘种植业主开始改种用于鲜食的晚熟柑橘品种。

目前，忠县忠橙已实现三次产业的融合发展，形成了“从一粒种子到一杯橙汁”“产加销研学旅”六位一体的全产业链。

如图 3.15 所示，忠县柑橘产业链主要由柑橘的规模化种植、柑橘加工和残渣处理三个环节构成，在规模化种植阶段，主要是大户承包，政府提供技术指导，共建区域品牌。截至 2018 年年底，全县从事柑橘种植的新型经营主体共计 399 家，其中农业企业 242 家，家庭农场 30 家，大户 97 家，专业合作社 30 家，全县柑橘果园集约化经营率达到 85%，核心区果园流转率达 100%。

以派森百和重庆锦程为龙头的橙汁加工是忠县柑橘产业链的核心，目前，派森百橙汁公司已建有天猫旗舰店、京东旗舰店、派森百官方网站等 6 个电商交易平台，2016 年销售额达 650 万元，占总额的 3.3%（见图 3.16）。

此外，对于“一半柑橘一半渣”的柑橘产业，残渣的处理也很重要，重庆主流科技和重庆圣沛农业科技公司的皮渣处理代表了产业链延伸的两个方向：一是高科技提取柑橘皮渣的有用成分，生产橙皮甙、果胶等高附加值产品；二是化渣为宝的果肥处理，利用柑橘皮渣生产有机肥。

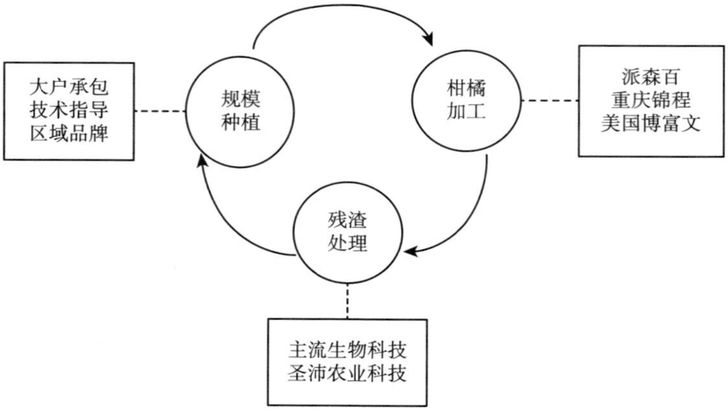

图 3.15　忠县柑橘产业链

图 3.16　忠县柑橘龙头产品——派森百果汁

4. 江津农村电商扶贫实践

(1) 依托富硒资源优势，大力发展富硒产业。

近年来，江津依托特色富硒资源优势，走出了一条“硒望之路”，大力打造富硒粮油、蔬菜、畜禽、花椒、茶叶、水果、水产、中药材等八大富硒绿色产业，形成 30 多个富硒特色产业示范场(园)。全面推广富硒粮油、富硒茶叶、富硒畜禽等 7 大产业 10 种产品的标准化生产技术，引导生产经营主体按照标准生产技术生产出品质保证、适宜网销和电商、超市销售的富硒农产品。

（2）建设“1+8+N”富硒品牌体系。

出台《农产品品牌建设奖励办法》，着力构建“一江津彩”农产品区域公用品牌、江津粮油、蔬菜、水果、花椒、中药材、水产、茶叶8个产业品牌、多个产品品牌的“1+8+X”品牌体系；培育“福音”“骄王”“硒客来”“康崃硒”“四面绿针”等富硒特色品牌37个，富硒商标总数达到112件，拥有地理标志产品2个。目前，全区“三品一标”农产品存量313个，重庆名牌农产品46个，农业品牌总量位居全市第一（见图3.17）。

图3.17　江津“一江津彩”农产品区域公用品牌

（3）新零售拓销路。

依托双福国际农贸城的富硒农产品展销中心进行富硒农产品展示；与浙江赶街网联手建成了江津本土“重庆富硒网”，京东商城江津生鲜馆正式开馆，成为重庆第二家京东美食地图地方生鲜馆。运用“新零售”模式在渝中区、渝北区、江北区等主城多地开设富硒农产品专区50个；整合商务、农业、扶贫、就业等培训资源，多渠道、多样式开展农村电商培训，目前已培训结业农村电商骨干人员200余人次。建成电商公共站点26个，农村淘宝37个，农产品网络销售额突破2.3亿元。

江津的嘉平镇与重庆富硒网联合推出“玫瑰香李”京东众筹扶贫项目，不仅为嘉平的贫困户带来了直接经济收入，更打响了嘉平富硒“玫瑰香李”的名气。重庆市级贫困村——江津的关胜村地理位置偏僻，为借助农村电商扶贫，村里成立“竹房湾水果股份合作社”，将200多建卡贫困户吸收进合作社，与“一江善品”电商平台合作，运用“互联网+”的电商销售模式，销售关胜绿色富硒梨。合作社还注册了“关胜”商标，并获得了3个梨子品种的“绿色食品”认证，带动全村种植。目前，关胜村已发展扶贫产业脆冠梨、黄冠梨、黄花梨共2500余亩。

5. 石柱农村电商扶贫实践

石柱是国家扶贫开发重点县，也是重庆市脱贫攻坚的主战场之一。2015年，石柱县被国家商务部、财政部纳入全国电子商务进农村综合示范县，围绕“转型康养、绿色崛起”发展主题，石柱县以生态为抓手，通过建立农村电商公共服务中心、打造农产品公用区域品牌等，2017年，石柱县实现电子商务交易额16亿元、网络销售额6.4亿元，比上年分别增长45%、55%。2019年1~9月，全县电子商务交易额达19.6亿元、网络销售额达8.6亿元，促使农产品附加值提升40%以上，有效带动5500余贫困户约1.5万名贫困人口实现增收①。

（1）电商平台及体系建设。

一是引进苏宁云商、阿里巴巴、邮政、绿安等电商龙头企业，开展农村电商、特色及农产品营销体系建设。打造了“幸福石柱”“石柱生活网”“阅游旅行网”“邮乐—五彩石柱馆”“石柱易淘生活馆”等地方电商平台。建成集农产品展示、展销、体验和线上交易“四位一体”的“邮乐网五彩石柱特色农品馆”，纵深拓展农产品上行区域，已入驻50余家地方特色农产品厂商，19种乡镇特色农产品，单品总数达214个，已销售特色农产品1.3万件，网销额超过180万元。

二是与苏宁共建石柱电子商务公共运营中心。2016年4月，石柱县与重庆苏宁云商共建的电子商务公共运营服务中心正式运营，成为集采购、运营、会员发展、物流、售后、金融、客服、品牌策划、培训等多功能、多业态于一体的公共服务平台。此外，还建设了石柱

---

① 数据来源：华龙网。

农产品线上线下特色馆、325个电商服务站点。电商综合服务站构建起“示范站点+贫困村+农户”和“自建田间天猫基地”联动发展模式，实现脱贫攻坚精准化，其中，“提供部分种子、种植技术、定价定产、上门收购”的保障服务。

三是健全电商物流体系。建成1个县级电商快递物流分拨中心、33个乡镇物流综合服务站，对社会物流企业进行整合，设置农村物流专线，实现乡镇物流全覆盖。

同时，与贫困村针对性地开展农网对接，网销三星香米、蜂蜜、辣椒、土鸡蛋、中药材等农特产品，帮助贫困村（户）解决农产品销售难的问题。目前，石柱县建成县级电子商务公共服务中心1个，企业电商运营中心4个，乡镇电商综合服务中心15个，电商站点182个，实现全县所有乡镇、85个贫困村全覆盖。已启动建设电商产业园约8000平方米，布局网货加工中心、培训孵化中心等功能区域。

（2）“源味石柱”公共区域品牌建设和“源味石柱”电商体验馆。

针对石柱大米、马铃薯、玉米、牛肉等56种农产品均富含锌元素的特点，石柱县培育了“源味石柱”农产品区域公用品牌，突出绿色健康理念。2017年年底，“源味石柱”集体商标通过国家工商总局注册，正式成为石柱区域公用品牌。此外，还重点培育以“石柱黄连”“石柱红辣椒”“石柱中蜂蜂蜜”“石柱莼菜”“石柱薯片”“高山水稻”等为主的电商产品，实现培养大品牌，带动小品牌发展的目的，目前已打造农产品区域公共品牌1个，单品品牌3个。同时，完善农产品安全保障机制，构建了农产品质量安全追溯平台和“二维码”技术应用系统。

2017年12月“源味石柱”电商体验馆和微商城线上线下同步对农产品进行销售，目前，石柱已建立了“源味石柱”品牌农产品电商体验馆、公众号以及APP微商城。其中，“源味石柱”电商体验馆已有谭妹子、老川江等15家农产品品牌入驻，推出了辣椒、牛肉干、豆腐干等200多种农产品品种，并通过农产品追溯系统，实现了农产品“源头可查、去向可追”的目标（见图3.18）。

图3.18 “源味石柱”农产品区域公用品牌

“源味石柱”品牌农产品，依托中核集团扶贫定点农产品采购、东西协作扶贫山东淄博商超对接农产品代销、北京饭店农产品代销等渠道，共计销售“源味石柱”农产品100余万元（见图3.19）。

图3.19 “源味石柱”农产品体验馆

（3）做好农村电商扶贫的支撑体系建设。

为了解决电商企业融资难问题，以政府本金扩大10倍为企业发放借贷款，扶持电商企业带动贫困户增收。全县20余家电商企业通过“电商富农贷”贷款超过200余万元，直接带动200个贫困户增收。

为提升电商扶贫精准度，构建城乡电商扶贫渠道，建立信息服务平台，组织城市消费者与农户“在线结亲”，订制农产品套餐，实现“一对一”供应。全县累计结亲8300余户，实现土鸡蛋、时鲜蔬菜等销售总额达1100万元，户均增收超过1000余元。

为解决网销产品货源问题，发展农产品线下“天猫”基地，并与农户签订“一对一”购销协议，实现订单式生产。目前全县已建成田间天猫农产品基地1.2万亩，带动3200余户贫困户实现增收。同时，组织电商企业依托电商站点零距离收购农产品，解决农产品电商上行物流难的问题。

创新制度激励，石柱县的中益乡推行了电商收益分配激励制度，以乡镇电商服务中心为试点探索实施二次分红模式，农户以政府对主体建设财政补助资金为股金，运营公司以技术服务以及其他投入为股金，入股乡镇电商公共服务中心，按销售额和利润对农户及贫困户开展分红，进一步激发了农户参与农村电商的动力。

6. 万州农村电商扶贫实践

2016年6月，万州成功申报创建国家电子商务进农村综合示范区。围绕建设农村电商公共服务体系和农产品电商公共品牌，在农村电商扶贫上进行了以下探索。

（1）建设农村电商公共服务体系。

建成5000平方米左右的区级电商公共服务中心和农产品展示展销中心各1个，引进了一批第三方电商服务企业入驻公共服务中心，对农村电商提供政策、技术、培训、融资、市场推广、营销策划等服务；依托村居公服中心、便民超市等网点在41个镇乡建立农村电商公共服务站点256个，为农民在网上提供购物、销售、预定、缴费、取款、咨询等服务，农村电商公共服务站点覆盖率达50%。

（2）打造“百味万州”农产品电商公共品牌。

打造“百味万州”农产品电商公共品牌并授权符合条件的企业和经营者使用，在阿里巴巴等知名电商平台对玫瑰香橙、万州柠檬、分水脆李、鱼泉榨菜等拳头农产品开展了促销活动。除了农产品电商公共品牌“百味万州”外，万州还拥有绿色食品认证产品38个，有机食品认证产品2个，生态原产地保护产品8个，驰名商标2个，著名商标15个，地理标志证明商标14个。鱼泉榨菜、万州红桔、万州柠檬、万州玫瑰香橙、万州红茶等生态原产地保护产品更是蜚声海内外。

（3）建设农村物流配送体系。

由中国邮政重庆万州分公司牵头整合圆通、中通、申通、百世汇通、韵达、顺丰等快递物流资源，扶持派米良农业公司与“美菜网”合作开展农产品同城配送，把分散在农村千家万户的小规模小品种农产品集中收购再配送给食堂、餐馆、超市，解决了农产品小生产与大市场供销错位的矛盾。建成3000平方米的区级电商公共物流配送中心1个，优化了9条农村物流配送线路，规划了9个农村物流配送片区，实现了城市下行商品1天送达农村、农村上行产品1天到达城市的目标。截至2018年1月底，电商公共物流配送中心接受上行农产品74.1万件，送往农村的下行商品21万件。

7. 巫山农村电商扶贫实践

（1）差异化产业发展，打造地域特色。

巫山结合地域的气候特征，实施“低山种柑橘、中低山种脆李、高山种烤烟药材干果”差异化产业发展，大力发展“1+3+2”主导产业。2017年年底，山羊出栏60万只，种植烤烟6万亩、脆李22万亩、中药材20万亩、柑橘13.6万亩、干果15万亩，经济作物比重达65%。

（2）龙头企业带动。

通过引进和培育大型龙头企业，按照“龙头企业+基地+农户”模式，通过土地租赁、作价入股、经营权托管、订单农业、技术承包服务、就地务工等方式增加收入。例如，重庆神女药业公司打造“GAP+GMP+GSP”全产业链，推广带动全县建成3个万亩道地药材产业园区，7个5000亩、11个2000亩、102个500亩以上规模的示范基地。公司与中药材种植贫困户合作自建示范基地，对合作的贫困户药材以高于市场行情10%左右的价格收购。其经验做法被国家标准委、国务院扶贫办作为全国6个标准化精准扶贫典型范例之一。

（3）创新农作物生产方式，激发农户参与的热情。

按照农作物生产链条，实施“生产线”链接，克服发展环节中的短板。例如，福田镇在脆李种植中，按照政府规划、农户栽植、幼树专业队伍集中管护、挂果树企业（大户）出资管护、销售“一条线”的模式组织生产作业。按规划指导农户完成栽植。幼树在2年内的，引导支持果农购买社会化服务，交由专业队伍集中管护。果树在3年后的，按照股权化改革实行“村集体经济专业合作社+企业（大户）+农户”的合作经营模式，利润按农户60%、企业（大户）30%、村集体经济（专业合作社）10%比例分红；农户以果树带土地入股，土地租金列入生产成本，也作为农户入股保底收入。

部分村以宅基地复垦集体资金作为产业发展集体股金，成立集体经济组织专业合作社，例如，福田镇高桥村以村支“两委”为主体，村民以第二轮土地承包经营权面积入股。股份收益按农户60%、专业合作社提取滚动发展基金30%、村集体经济10%分配。目前发展1300亩茶叶产业，全村616户社员，现有528户入社，群众入社率目前达到85.7%。

以曲尺乡龙洞村为代表的地区，把闲散的资源整合起来，在致富带头人的带领下，实现规模化、组织化、市场化生产。曲尺乡龙洞村在打造山地农业公园时，采取合作社牵头带动，农民以土地及人工入股的方式，创建以三峡农耕文明与巫山乡土文化为背景，以库区现代高效农业（脆李、纽荷尔）为核心，乡村休闲旅游为导向，打造三峡库区首个集农业休闲旅游、农业示范博览、农业教育研发、农产品加工、农业创业产业于一体的国家级农旅科研综合园区。由合作社带头人陈仁贵持股40%，新合农业开发有限公司持股34%，龙洞村182名村民以400亩林地持股26%。目前，全村累计种植脆李2416亩，丰产期脆李800亩，实现产量1000吨，实现产值585万元；种植纽荷尔2224亩，实现产量2800吨，实现产值726万元；种植草莓等小水果109亩，实现产值56万元。同时园内务工人均收入3000余元①。

8. 奉节农村电商扶贫实践

（1）发展特色产业。

奉节县实施“4+3+X”产业发展规划，加快发展脐橙、油橄榄、中药材、山羊四大主导产业；巩固提升高山蔬菜、烟叶、粮油三大优势产业；因地制宜发展蚕桑、茶叶、生猪、肉牛、生态渔业、小水果等多个特色产业。

（2）以大平台构建电商大生态。

以阿里巴巴农村淘宝为龙头，引进其他平台，形成“1+4”的电商生态体系。即引进阿里巴巴农村淘宝平台，重庆猪八戒网为服务商，杰夫电商为运营商，甲骨文科技公司做农产品溯源，菜鸟物流打通县乡村三级物流。

借助“互联网+”，全面开展网络直播营销。通过“好橙人家”、奉节脐橙产销对接会、北京品牌推介会、重庆主城区奉节脐橙线下试吃活动，关注网民达到3100万人次；全国31个省级广播融媒体利用

---

① 数据来源：中国扶贫网。

微博宣传奉节晚熟脐橙，直接关注人群突破56万人次。

利用“双11”“年货节”等消费节点，通过聚划算、淘抢购等网销平台，推出“网购农产品送白帝城和天坑地缝景区门票“网络脐橙节”等促销活动，销售高峰期每天销售奉节脐橙1万余单，帮助果农实现增收5000余万元，奉节脐橙价格每公斤上扬0.75元，带动腊肉、香肠、蜂蜜等其他农特产品销往全国各地。

9. 巴南区农村电商扶贫工作实践

（1）临近主城的地域优势，推进农村电商、农超、金融“三进村”。

巴南区依托云计算产业园，加快构建大数据产业集群，引进项目26个，布局发展教育云、健康云、金融云等产业。“两化融合”有力推进，宗申集团、路睿科技被评为国家级两化融合管理体系贯标示范企业和服务机构。国内最大的B2C企业——京东商城投资建设智能电商产业园，全区电商主体超过5000户，年交易额突破160亿元。农村电商、农超、金融“三进村”实现行政村全覆盖，上线农特产品60种。

（2）部分村委会牵头成立商贸公司，进行农村电商运营。

巴南区盘龙村地处位于重庆市巴南区龙洲湾街道办事处东南角，离重庆市中心31公里，属背斜低山喀斯特熔岩地貌区域；东后靠巴南界石镇，南接一品金田村，西邻本街团结村，北与红炉村相望。2015年8月，由村委会牵头成立了重庆巴南龙之霖商贸有限公司，注册资金3万元，其性质是集体所有制企业，产品主要经营的是当地的土特产和农旅开发项目。目前，盘龙村的农村电商业务还处于初级阶段。村民网购数量不多，一年在5000～6000元，主要是衣服、小电器、母婴等日用品。农产品主要借助邮政邮乐网外销，主要销售的品种是土鸡蛋、土鸡、土鸭等当地的农特产品，每月销量在400元左右，主要销售巴南区。该村利用农村电商试点等利好政策，很快注册了重庆巴南龙之霖品牌，该村所有的农产品都冠以该品牌出售。盘龙村的物流渠道没有打通，调研中发现村民网购由农村电商负责人从主城统一收货再送到农户手中（除大件家电之外），农产品销售物流也是由该负责人自行送货来完成。

（3）发展采摘、农业观光产业。

巴廉寺生态园属于重庆巨地农业发展有限公司，公司成立于2013年，是一家从事农业产业化发展，集种养殖业、农业观光、养老养生、加工销售等一体的高新技术民营企业。近年以来，公司将大力发展以黑色、紫色等“高、特、优、新、奇”的特色农业，将重点打造真正意义上的特色农业与生态养老养生中心，使之成为集农业综合开发、生产经营等功能于一体的生态示范园，园区将结合本地区特有的自然条件和人文环境，大力发展特色农业项目：如红心猕猴桃、紫珍香葡萄、绿色蔬菜园、生态经济林、有机蔬菜大棚以及淡水养殖等，实行“公司+基地+农户”的开发模式，实现较好社会效益。巴廉寺生态园的农村电商处于起步阶段，主要依托巴廉寺景区微信公众号发布园区动态。在本区猕猴桃成熟之际发布农家采摘体验活动，主打面向主城的“乡村游”。其销售渠道仍以传统的报纸、广播宣传为主，仍未实现真正意义的电商触电。目前园区还未建立自己的门户网站以及网络销售平台。

（4）供销社系统建设公用品牌。

重庆农禾电子商务有限公司成立于2015年，由重庆市巴南区供销合作社控股。该公司主要利用互联网和实体店相结合的“线上+线下”模式销售各类农副产品、日用品及农业生产资料等，目前已自行开发了PC端和移动端两种形式的农副产品线上商城，同时利用京东和淘宝对部分产品进行销售。该公司2016年的营业额为500余万元，预计2019年将超过900万元。重庆农禾电子商务公司以巴南姜家镇作为主要生产基地，以“线上网店+线下体验店”的模式进行农产品销售。目前该公司拥有体验店若干，自行开发的线上商城2个，其中PC端线上商城主要针对各机关单位食堂，经营模式为各单位食堂每天在线上下单后，由该公司进行配送。而移动端的微信商城“巴南食尚”则主要针对普通消费者，经营范围主要是巴南各地农特产品，如水果、茶叶、大米、油类、家禽、蛋类等。另外，该公司也在京东和淘宝两个第三方平台上开设了网店，对部分符合要求的产品进行销售。

综上所述，三峡库区各区县围绕农村电商扶贫进行了很多有实效的探索，农村电商扶贫做得比较成功的区县，一是能充分挖掘地方特色，进行产业差异化发展，如“康养石柱”“富硒江津”等；二是三次产业融合发展，如忠县的柑橘产业链，在产业发展上形成联动，充分吸纳农户和贫困户参与；三是重视农村电商平台和体系建设，或与现有的大型平台合作，推介地方馆，或建设地方公共电商服务平台，扶持和孵化当地企业触网，如巫溪、万州、石柱等；四是重视区域品牌的建设，但凡是有区域品牌的地区，当地的农产品依靠电商的销售就越景气，区域的特色农业的发展就越好；五是创新激励制度，吸引农户参与。这些不同区域的农村电商扶贫实践为偏远地区借助农村电商扶贫提供了有益的探索。

三峡库区农村电商精准扶贫研究

Chapter 4

第四章　三峡库区农村电商精准扶贫中存在问题

一、农村电商基础设施发展落后

农村地区发展电商的互联网、道路、物流等基础设施落后，直接影响各地区开展农村电商的信息和物流，也给电商扶贫带来了致命制约。

1. 三峡库区农村网络覆盖率较低

由于农村及偏远地区经济基础相对薄弱、地理环境复杂、人口居住分散，互联网建设和运行维护成本高、收益低，存在一定程度的市场“失灵”，城乡网络发展严重不平衡，农村的宽带网络和4G网络覆盖率远不及城市相关覆盖率的一半。据中国互联网络发展状况统计调查显示，截至2016年6月，我国网民中农村网民占比26.9%，规模为1.91亿；城镇网民占比73.1%，规模为5.19亿。同时，网络不通畅、网速慢的现实制约了农村发展电子商务的速度，也对农村电商扶贫工作的开展带来了挑战。虽然农村互联网普及率保持稳定，截至2016年6月为31.7%。但是，城镇地区互联网普及率超过农村地区35.6个百分点，城乡差距仍然较大。

2. 三峡库区农村道路体系不完善

农村交通运输设施是农村电子商务快速发展的“助推器”。长期以来，由于农村公路建设标准不完善、建设资金短缺、日常管理不到位等原因，虽然政府因电子商务发展的需要，积极推进“村村通”工程，但很多乡村道路不能经久耐用。农村公路技术等级普遍较低，后期升级改造难度大，交通基础设施仍然落后，由于建设资金短缺、维修养护不及时、群众爱路护路意识薄弱，农村交通建设和交通安全设施不完善，制约着发展农村电子商务、实现精准扶贫的步伐。

3. 三峡库区物流基础设施较落后

农村地区物流仓储基础设施不完善，农村中心集镇货物运输站场建设进度缓慢，基础设施依然短缺且设备简陋，冷链物流运输专用车辆所占比重偏小，而中小型货车所占比例偏大。在互联网发展和农村电商扶贫政策的推动下，各地区非常重视农村电子商务的发展，但仍然处于起步阶段，整体而言，各区县农村电商基础设施滞后，特别是农村网络基础设施建设相对落后，满足不了广大农村用户对互联网的需求，各项配套的基础设施也较滞后，从而在很大程度上阻碍了各区县农村电子商务的快速发展。

二、农村电商扶贫工作任务失衡

农村电商精准扶贫要在贫困地区开展，一方面是将农产品通过电商平台销售出去，以增加贫困农民收入、解决贫困人口创业、就业问题；另一方面，工业品通过电商平台直接到达农户手中，减少农民生活开支。然而目前，各区县双向发展不平衡，以巫溪与丰都为例。巫溪农村电商精准扶贫的应用上主要是农产品上行，而工业品下行薄弱；丰都农村电商的应用主要是工业品下行，农产品上行薄弱和工业品下行的可持续发展问题突出。

1. 农产品上行电商有待优化升级

农产品上行的专门电商运营平台的开发、设计与运营不足。培育的本地网销平台的网站和页面建设虽初显成效，如巫溪的“巫溪微商城”，但网站交易量较少。针对农产品电商的专业运营平台的开发能力不足，设计缺少特色，电商运营平台的管理运营缺少专业团队。

农产品上行中的物流配送服务以及在包装、流通加工和配送中的标准化滞后，限制了农产品上行。农产品上行需要解决农产品的质量鉴定、质量的标准化以保证质量的持续性、信息的标准化以保证有效的追溯等，而这些投入必然带来物流成本的上升。

2. 工业品下行网上流通较为薄弱

目前，各区县通过引进阿里巴巴、京东等第三方平台，以县为单位建立农村电商服务中心（农村淘宝服务站、京东乡村等），借助三方平台的力量推动工业品下行。但第三方农村电商平台（企业）其运营的存在相对垄断性与可持续发展问题；查阅资料发现，现有的农村电商下行以“农村淘宝”“京东帮”为主，且已占据一定的市场，在电商运行初期尚且获取一定的政府支持，这对于其在农村地区的市场拓展是非常有利的，在一定程度上形成了农村电商运营的相对垄断性。这种垄断虽然给农村地区带来了福利，但也势必给后续农村电商的进入形成了一定的进入壁垒，如物流渠道自用不开放等，影响农村电商平台的可持续发展。“农村淘宝合伙人”等农村电商创业主体运营形式、运营风险与可持续发展问题。目前两类农村电商模式在农村网点的运营都依赖于“农村淘宝合伙人”之类的创业主题，这类创业主体进入门槛不高，可替代性强。专业知识匮乏，收入的不稳定性和运营成本问题，对这类创业主体的运营风险和可持续发展带来了挑战。农村淘宝等自建物流配送服务体系与农村第三方物流配送服务的协同发展问题。现有的农村电商都依赖自建的物流配送体系来完成农村地区的配送，配送能力有限、配送范围小，与第三方物流配送服务的合作甚少，这势必导致物流配送服务不健全发展，影响“工业品下行”末端配送的时效和品质。各地区“工业品下行”流通面临较大压力。

三、农村电商三品一标尚待建立

1. 农产品质量标准体系缺乏

长期以来，农产品质量标准分散在多部门和多系统，各行业标准体系之间既交叉重复，又有许多遗漏。在农村电商发展过程中，产品标准是阻碍农产品上行的最大障碍之一。而好的农产品也要对产后的加工、储藏、包装等环节进行改进，制定适应电子商务的农产品质量、分等分级、产品包装、业务规范等标准。

2. 农产品品牌塑造难度较大

农产品上行所需要具备的资质获取周期长，获取价格昂贵、获取难度大，是农产品上行的主要困难。农产品要上行首先要有营业执照，然后需要有商标认证，包括 TM 标、R 标。在申请过程中，还需要具备有机认证、商标认证、地理认证。商标认证需要一年的申请周期，有机认证需要三年左右的申请周期，每一年需要花费 4 万 ~5 万元对土壤检测、环评以及溯源。由于打造农产品绿色品牌、有机等认证获取难度太大，普通个体农户很难获取认证，同时也没有相关企业整合农户资源，使大部分农户都无法打造农产品品牌。另外，由于农户电商意识差，缺乏电子商务人才的指导，使他们品牌意识匮乏，对于打造农产品品牌的欲望不强。

四、农户创业就业缺乏可持续性

1. 三峡库区商品同质化问题突出

各区县经营的特色农产品存在高相似度性，特别是同一地区的农村网商往往利用相同的当地特色资源，导致该地区商品同质化严重，如表4.1所示。随着农村淘宝数量不断增加，直接加剧了淘宝村内部的竞争。造成网上运营成本提升，而同质化的产品对消费者的吸引力降低，众多农村电商创业者也面临利润缩水甚至破产的风险，对电商扶贫的推进产生不利的影响。

表4.1　　三峡库区13区县农特产品汇总

地区	农特产品
巫溪	马铃薯、玉米、中药
丰都	猕猴桃、红心柚、花椒
开县	玉米、柑橘、中药、魔芋
万州	柑橘、柠檬、茶叶
云阳	柑橘、核桃
石柱	辣椒、马铃薯、魔芋、肉兔
巫山	柑橘、脆李
奉节	柑橘、中药
长寿	柑橘、柚子
江津	花椒
涪陵	榨菜
武隆	水稻、玉米、红苕、马铃薯
忠县	茶叶、柑橘

2. 三峡库区农村电商缺乏有效的资金供给渠道

扶贫工作的主要推手在于资金的支持，电商扶贫作为新生扶贫工程，更需要充足的资金支持，特别是财政支持。各区县从政府政策支持的层面来看，在目前的扶贫体系中，电商扶贫的专项资金虽已投入，但在实际落实过程中，程序比较烦琐，而且额度有限，部分专项扶贫资金拨付不及时，使电子商务扶贫工作无法按计划顺利推进。同时存在扶贫资金使用效率低，针对农民群体的贷款政策不够完善，也形成了对电商扶贫工程进一步发展的制约。从社会融资的角度来看，现今已有的金融机构和民间电商平台无法涵盖到农村电子商务的所有需求面，地方政府与互联网融资机构的合作也不够深入，因此更加重了电子商务与精准扶贫相结合的难度。

3. 三峡库区农村电商扶贫各参与主体的配合度不高

农村电商扶贫需要各级政府、企业、电商办、扶贫个体通力合作。县政府根据地区实际情况统筹农村电商扶贫工作，电商企业搭建平台和统一品牌包装，农业企业提供资金、技术和服务，扶贫个体以劳动、土地确权入股、现金入股或者土地流转等形式加入，从各个实施主体之间的信任度、行动透明度和协商一致的维度考虑，出于各个主体对自身利益的保护和不信任彼此的程度，导致农村电商扶贫实施中工作出现各个主体不配合的局面。在农村电商发展初期，政府充分利用各大电商企业“电商下乡”渠道下沉的时机，引导和推动它们在贫困村布局网点，但各电商企业的运营独立，农村电商企业的责任落实困难，建立协同的农村电子商务体系举步维艰。

五、农村电商专业人才较为短缺

农村电子商务扶贫面临的首要问题是专业化人才的严重匮乏，特别是精通农村电商技术、运营等的复合人才更加缺乏。同时，整个农村贫困区电子商务服务人员整体素质较低，再加上贫困村的农民文化水平普遍不高，这些因素直接制约电商扶贫的推进。社区和农村缺乏具有电子商务专业知识的独立运营管理网店的实用型人才，企业缺乏应用型人才，而且企业引进的电子商务人才流失比较严重。

目前有些区县如丰都主要通过农村淘宝培养电商带头人，但目前最大问题是农村淘宝合伙人没有保障。农村淘宝合伙人与阿里不存在雇佣关系，需要靠自己能力去做农村电商，导致很多合伙人因为没有保障又不能养家糊口而放弃转行。同时，县域农村淘宝实行末位淘汰制，人员淘汰与流失已成普遍性问题。这在一定程度上使农村电商人才培养效率大打折扣。

六、农村电商贫困人群对接不畅

目前，三峡库区各区县的贫困人口中存在贫困原因类别多、情况复杂的特点，据统计，其中主要因学致贫、因病（或因残）致贫以及因缺资金技术致贫是贫困人群难以脱贫中最主要原因。以实地调研丰都县为例，在丰都县贫困人口中，因学致贫占34.5%、因病（因残）占29.6%、因缺资金技术占23.4%、因缺劳动力占5.7%、因灾占2%。农村电商扶贫归根结底在扶贫，而且要精准。但是，一方面，三峡库区贫困人口的脱贫问题不可能全部由农村电商来实现全部扶贫；另一方面，更重要的是如何利用目前的农村电商资源与技术有效辨别出不同的扶贫对象，同时，对能用农村电商使其脱贫的对象进行精准帮扶，使其真正脱贫。

三峡库区农村电商精准扶贫研究

Chapter 5

第五章　三峡库区农村电商精准扶贫对策

一、创新农村电商发展模式

1. “电商企业+政府+农村电商服务站+贫困户”模式

借助现有的农村淘宝、京东帮等农村电商平台，将农村电商平台在农村业务的拓展和延伸与扶贫工作相结合，实现工业品的下行流通。通过政府提供服务站的基础设施、平台企业负责技术维护的方式，在农户中进行宣传、培训和选拔，定向对贫困户进行培养（见图5.1）。

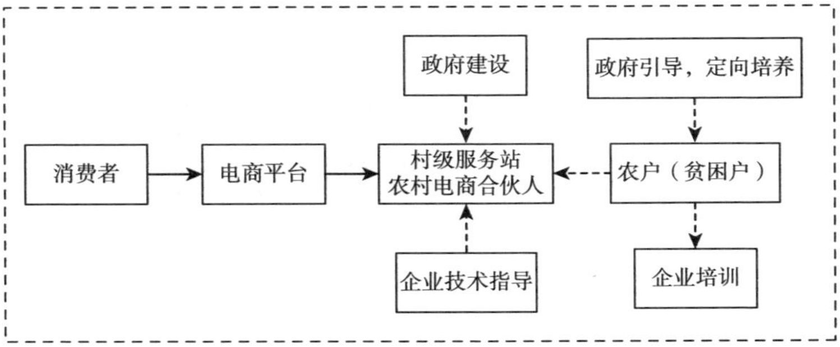

图5.1 “电商企业+政府+农村电商服务站+贫困户”的模式

2. “电商企业+政府+合作社+种植大户+贫困户”模式

借助已成一定规模的种植大户及其生产的农产品品牌影响力，将松散的农户通过与种植大户的契约纳入种植大户的生产计划，进而通过种植大户自建的电商平台或者淘宝、京东等现有电商平台实现产品上行流通。在该模式中，种植大户往往已有自己的产品并有一定的市场基础（见图5.2）。

3. “政府+电商服务企业+企业（农户）”模式

通过政府推动，引入专业电商服务企业，统一对本地区农特产品

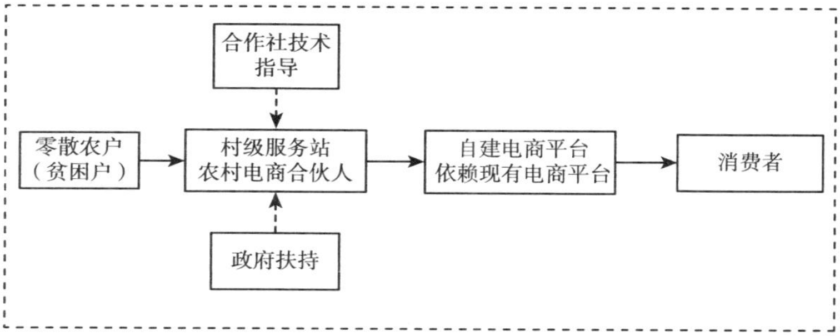

图 5.2　“电商企业 + 政府 + 合作社 + 种植大户 + 贫困户”的模式

进行包装策划、品牌设计、媒体推广等，帮助有一定规模的企业进行触网体验，利用品牌效应助推精准扶贫。以巫溪为例，所涉及的品牌设计包括生鲜类、蔬菜类、特色腊肉类、特色干货类等五大类别共30余种产品。同时，由政府引导，打造区域整体农特产品品牌，共用电商平台（见图5.3）。

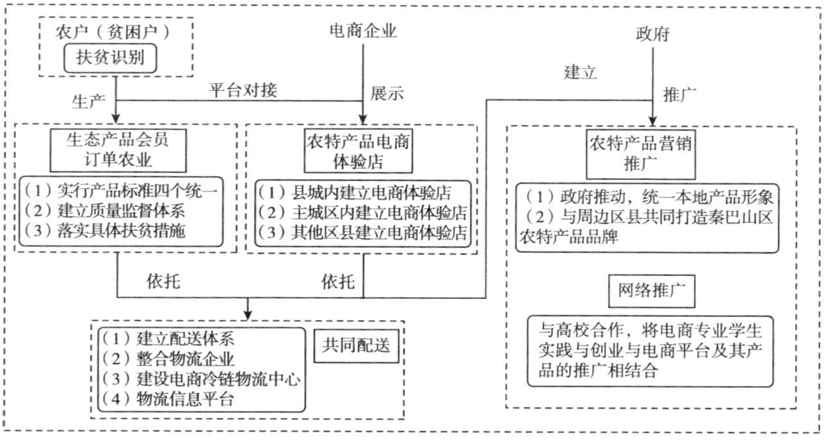

图 5.3　“政府 + 电商服务企业 + 企业（农户）”模式

4. “流通企业+电商平台+政府+贫困户”模式

此模式以流通企业为核心，如大型超市等，借助超市自建的电商平台及其实体各门店的销售网络以订单农业方式组织农户生产。这类模式以巫溪的粮草猪养殖为代表，通过制定养殖（种养）标准、拟订协议收购标准，与农户（贫困户）签订养殖（种养）协议，政府提供养殖（种养）等基础设施减少农户投入，配合企业共同做好过程监督，实现农产品从生产到流通的全过程。这类模式适合绿色、生态等自然喂养（种植）的产品，因其喂养（种植）的过程（工艺）符合现代人的绿色消费观念，从而最终产品价值相比同类产品有一定溢价（见图5.4）。

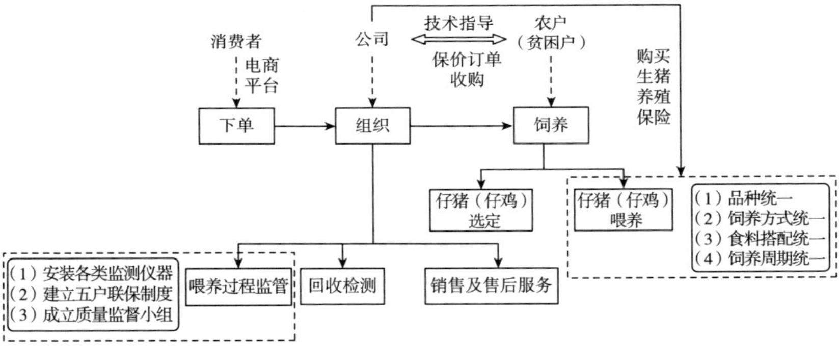

图5.4 巫溪生态产品会员制订单农业

二、改善农村电商基础设施

1. 提高三峡库区农村网络覆盖率

贯彻落实“宽带中国”战略，从政策上支持农村地区的宽带网络建设和移动网络建设。根据各区县因地制宜采用光纤、铜线、同轴电缆、4G、微波、卫星等多种技术手段加快宽带网络从乡镇向行政村、自然村延伸。在人口较为密集的农村地区，建设光纤等有线宽带线路。在人口较为稀少、分散的农村地区，灵活采用各类无线技术实现宽带网络覆盖，如建立高山基站等。积极推广适合农民需求的低成本智能终端，加强各类涉农信息资源的深度开发，提高综合网络信息服务水平。

2. 完善三峡库区农村交通基础设施

应进一步加大投资力度和政策支持农村交通基础设施建设，加大对县、乡、村三级道路建设，最大限度地为群众提供出行便利，也为农村产业发展打通道路屏障。

加快城镇三级干线公路建设和农村四级支线公路建设，硬化村镇道路，提升公路适应能力，同时，在相应位置增加减速带、交通标志牌、广角镜、道路指示标志等道路标志，增强道路安全性。

3. 构建三峡库区农村物流配送体系

结合新型城镇化建设，整合利用农村现有乡镇商贸中心、配送中心和万村千乡市场工程网络资源，发挥乡镇商贸中心的销售、配送以及金融、邮政、电信等服务功能。建立健全适应农村电子商务发展需要的支撑服务体系，完善农村物流配送体系，发展与电子交易、网上购物、在线支付协同发展的物流配送服务。完善面向农村的综合物流信息服务平台，推动第三方配送、共同配送在农村的发展。

三、建立农村电商标准体系

1. 建立三峡库区特色农产品供应监管体系

确定当地特色农产品，按照规模化种植、标准化生产、商品化销售的要求，加工适宜网络销售的优质产品。扶持农产品加工企业通过产业化经营，带动贫困户从事网货生产加工，建立完善的供应体系。制定特色农产品生产加工标准，指导企业、合作社和农户按标准种植、生产、加工、包装，从源头保证农产品供应质量；抓好流通环节质量监管，建立网销产品质量追溯体系，对流通环节进行监测，杜绝质量隐患。

2. 构建三峡库区农产品“三品一标”标准体系

第一，由政府牵头，由第三方教育机构组织电商人才培训，为各区县输送电子商务专业人才，增强农户对电商的理解和对品牌的认识以提升农户通过电商打造品牌的积极性；第二，由政府牵头，整合零散农户资源，对零散农户进行分类规划，形成农户团体，规划好农户团体的特色农产品种植计划；第三，以电商专业人才为基础，建立资质认证帮扶协会，统一帮助农户团体进行农产品上行相关认证的获取；第四，联合知名第三方电商平台，与本地电子商务专业人才联合建立品牌推广机构，协助各个农户团体打造相应的农产品品牌。

四、建立健全电商服务体系

1. 发展三峡库区农村电商产业链建设，营造消费扶贫良好氛围

积极建设具有辐射作用的县域电子商务商贸服务公共信息平台，健全电子商务服务网络。为贫困村网店开设和运营提供营销策划、在线支付、设计包装、人员培训、咨询服务、设备设施、代运营等专业服务，健全上下游服务链；依托国家、省级电子商务示范基地和电商产业园、创业孵化园，为贫困村网商和农户提供创业孵化服务。各地政府给予政策补贴扶持，加强县域电子商务公共服务中心的运营管理，提高其资源整合能力，突出当地经济特色，提高电商服务水平和

核心竞争力。尤其通过产业园区示范点建设整合当地特色产品，形成规模效应，提高地域特色产品的知名度与竞争力，使扶贫模式从“各自为战”转变为“团结共享，一致对外”。

以每年扶贫日为时间节点，组织有关电商企业，共同举办消费扶贫体验活动，集中购买贫困地区土特产品，培育全社会消费扶贫意识，逐步形成电商扶贫的品牌产品、品牌企业。加强贫困地区优质特色农产品、民族手工艺品、休闲农业的宣传推介，鼓励支持电商平台常年开展富有特色的网购活动，共同营造消费扶贫的良好氛围。

2. 发挥互联网金融在三峡库区扶贫领域的应用

应努力将电商扶贫与金融扶贫结合起来，吸引社会资本进入，发起成立电商扶贫公益基金，统筹管理和整合使用财政投入、公益支持、社会帮扶等各类资金，重点对参与电子商务融资困难的贫困村、贫困户予以扶持。充分发挥阿里、京东等电子商务平台作用，为贫困人口开办网店和从事电商服务业等提供资金支持。依托他们的信用数据优势，开展互联网金融创新的探索，以解决“贷款难”“担保难”的问题。引导传统金融机构从加大信贷投入、创新信贷产品、完善基础设施、优化金融服务环境等方面进行创新，鼓励线下传统金融机构和电子商务平台企业携手合作，将前者的资金优势和后者的电子商务信用数据，优势互补，如通过降低信贷准入门槛、下放授信权限、减少审批环节、缩短贷款审批时间等措施，为贫困地区电商发展提供多元化的金融支持。

3. 加强电商扶贫实施主体责任落实与监督，营造规范有序的市场环境

政府根据地区实际情况统筹农村电商扶贫工作，加强组织领导和统筹协调，落实工作责任，完善工作机制，切实抓好各项政策措施的落实。对参与各电商扶贫项目实施主体建立严格的考核评价体系，重

点考察项目可持续投入、产出效益及帮助农户增收情况。加强网络市场监管，强化安全和质量要求，打击制售假冒伪劣商品、虚假宣传、不正当竞争和侵犯知识产权等违法行为，维护消费者合法权益，促进守法诚信经营。督促第三方平台加强内部管理，规范主体准入，遏制“刷信用”等欺诈行为。维护公平竞争的市场秩序，推进农村电子商务诚信建设。

五、实施农村电商人才培训

1. 专业化 + 差异化培训

应加强农村电商专业培训，对农村中有知识的农民开展电子商务专业化培训，以培养具有电商理论基础和实际操作能力的人才，为农村电子商务的发展提供人才支撑。由于不同发展阶段所面临的问题不同，可由各地区商务局牵头主办商务专业人才培训会，例如，可邀请淘宝大学讲师，或者由当地经验丰富的网商传授经验交流。另外，还可以把培训全程进行现场直播，让其他没能来现场的爱好电商的网友也能通过直播来进行学习。

2. 加强校企/校地合作

各高校可根据网商的需要，可以开展定制化、批量化培养电商专业人才。可与高校、职业中专学校建立校企联合办学、合作培训、教育实习基地等长效机制。以高校的相关教育、科研和人才培养相关资源为依托，联合各类涉农专家、企业电商平台专家、数据分析专家等，打造跨平台的农村电商教育孵化体系，对农村电子商务应用与服务的专门人才进行全方位的培训（如相关政府部门、企业、涉农组织、专业合作社等部门的相关人员和大学生村官、农村电商创业者等）。共建电商扶贫人才培训和实践基地，实现电商扶贫管理人员和从业人员培训全面覆盖。

3. 外部引进电商专业人才

要树立典型，加大宣传力度，相关新闻部门、媒体要积极梳理本地电商成功案例和典型事迹，将农村电商、青年创业、企业发展等经验进行大力宣传，在区域内形成有利于电商创业的良好氛围。

此外，政府应出台相关政策，重视电商专业人才的培养，通过引入专业人才和高端人才的方式，推动客服外包、美工设计、店铺装修、品牌设计等方面的服务，整体提升三峡库区农村电商行业发展的水平。

六、加强农村电商精准对接

要做到精准扶贫，需要对电商扶贫对象进行精准筛选，从事农村电商活动需要具备基本的劳动力和劳动欲望，因此，农村电商扶贫面向的对象应该具备以下一些基本素质：（1）具备基本劳动力，并有劳动欲望的贫困人群；（2）具备农村电商基础技术知识并愿意接受农村电商技术知识培训的贫困人群。优先安排有条件的贫困户开设村级农村电商服务站点；鼓励农村电子商务相关物流快递企业、网货供应企业、互联网企业安置贫困人口就业；支持农村电子商务智慧旅游平台为旅游风景区的贫困户提供便利条件，开设网上乡村旅游服务社、网上农家乐等，贫困户通过销售门票、提供地接服务、销售旅游产品等脱贫致富。

附　录

附录1 丰都县农村电商精准扶贫调研报告

一、调研背景及调研目的

（一）调研背景

扶贫开发是事关民生、事关稳定的国家重要战略。《中国农村扶贫开发纲要（2011～2020年）》（中发〔2011〕10号）中指出，“我国扶贫开发已经从解决温饱问题为主要任务的阶段转入巩固温饱结果、加快脱贫致富、改善生态环境、提高发展能力、缩小发展差距的新阶段。”2013年11月习近平总书记考察湖南湘西时提出，扶贫要实事求是，因地制宜。随着互联网的普及和农村基础设施的逐步完善，我国农村电子商务发展迅速，依靠电子商务转变农业发展方式，成为实现农村精准扶贫的一种重要载体。为具体落实《中共中央、国务院关于打赢脱贫攻坚战的决定》（中发〔2015〕34号）和《国务院办公厅关于促进农村电子商务加快发展的指导意见》（国办发〔2015〕78号），国务院扶贫办等中央16个部委联合印发《关于促进电商精准扶贫的指导意见》（国开办发〔2016〕40号），为促进电商精准扶贫提出了具体的指导意见。

结合习总书记关于扶贫的重要讲话精神和中央对扶贫工作开展的指导意见，重庆市人民政府提出《关于精准扶贫精准脱贫的实施意见》（渝委发〔2015〕19号），要求在2017年年底实现18个扶贫开发工作重点区县全部“摘帽”。其中，丰都县计划在2016年底实现整体脱贫。与此同时，重庆市政府加紧推动“互联网+电商扶贫”的发展进程，市扶贫办将实施电商扶贫列为精准扶贫工程之一，2015~2016年重庆市共有17个区县成为“国家电子商务进农村示范县”称号，以此推进探索农村电子商务及相关扶贫工作。

丰都县自2016年获批全国电子商务进农村示范县以来，大力发展农村电子商务，以电商扶贫倒逼攻坚为抓手，打造农村新型商业平台，改变农村创业就业环境，在三峡库区中扶贫攻坚工作和电子商务发展水平具有一定的代表性。在扶贫攻坚方面，丰都县是国家贫困县，派驻95个扶贫驻村工作队，建立县、乡镇、村三级干部“65432”帮扶机制，实现帮扶到户全覆盖。在发展农村电子商务方面，2015年以来，县委、县政府把加快推进电子商务进农村作为开拓农村消费市场、破解两个“一公里”的突破口，积极培育电商经营主体，加快完善电商服务体系，建立健全电商发展机制，已初步形成“大众创业、万众创新”的电商发展新格局。

然而，农村电子商务的发展仍然处于起步阶段。受当地自然条件和经济发展水平的制约，丰都县农村电商参与主体对电子商务认知不够，电子商务基础设施建设滞后，电商产品数量不足、质量参差不齐，农产品的系统化、标准化、品牌化工作推进慢，电商人才短缺，电商规划项目建设进度较慢等突出问题使农村电商的发展受到严重阻碍。

（二）调研目的

通过对丰都等县的农村电商精准扶贫进行调研，了解丰都县扶贫工作开展情况、农村电子商务发展现状、电子商务人才现状以及当地特色农产品生产流通概况等信息，收集并分析丰都县农村电子商务扶贫的主要模式和特点、农村电子商务精准扶贫中的问题，为研究和探讨三峡库区农村电子商务精准扶贫模式的选择机制和实现路径提供支撑。

同时，根据调研中的具体问题和需求，为丰都县构建物流配送体系提供科学的参考依据，为农村电商扶贫开发培养和输出需要的人才，对农村电子商务应用与服务的专门人才进行全方位的培训等。

二、调研时间及调研对象

（一）调研时间

2016 年 8 月 9 日至 2016 年 8 月 10 日。

（二）调研对象

丰都县商务局、扶贫办、电商办等工作部门，农村淘宝馆相关工作人员，水天坪工业园区仓储中心，长江村农村淘宝服务站及相关人员，关塘村扶贫典型示范点及相关人员。

（三）调研前期准备

根据项目研究的目标和任务，对需要调研的内容进行梳理，准备调研资料收集表和访谈问题。确定参加调研的项目组成员、丰都县调研部门名单和典型农村扶贫示范点、农村电商示范点及农村电商扶贫示范点。

三、调 研 内 容

（1）通过文献资料和实地观察，了解丰都县农业产业发展现状，找出适合电子商务模式的特色农产品。

（2）向扶贫办工作人员了解扶贫工作总体开展情况，并到扶贫工作典型示范点关塘村对扶贫工作情况进行实地调研，了解扶贫工作开展情况，扶贫遇到的问题，探讨相关的解决方案。

（3）与电商办工作人员到“农村淘宝馆”走访调研，通过与电商办、指尖电子商务公司江总以及农村淘宝丰都县负责人沟通，了解丰都县农村电子商务现状，并实地调研了兴义镇农村淘宝服务站，深入了解农村淘宝的运营模式、困难及其问题。

（4）在农村电商和扶贫调研的过程中，结合农户参与、贫困户参与的程度、比例及模式等进行调研，分析丰都县农村电商精准扶贫的问题。

通过与丰都县扶贫办、电商办工作人员、农村淘宝合伙人和关塘村村主任一一交流访谈，深入了解丰都县扶贫工作和农村电商的开展情况，以及在农村电商和扶贫工作开展时遇到的实际问题和解决措施。

四、调研分析

（一）丰都县基本情况

丰都县位于长江上游地区、重庆东部，地处三峡库区腹心，上距重庆主城九区172公里，下距湖北宜昌476公里，东依石柱县，南接武隆县、彭水县，西靠涪陵区，北邻忠县、垫江县，常年气候温和，雨量充沛。全县辖21个镇7个乡2个街道，下设53个居民委员会，277村民委员会，总人口84.29万人，其中农村人口60万人。

丰都县境内农副产品富集，已形成了肉牛、红心柚、烤烟、林业、苎麻等骨干产业，具有广阔的开发潜力。随着农业基础日益夯实，已初步形成“1 + 6 + X”产业体系：以肉牛产业为龙头，有机大米、红心柚、榨菜、豆腐乳、龙眼、花椒等农产品协同发展，再根据各乡镇因地制宜发展柑橘、山羊、猕猴桃、高山蔬菜等区域性特色产业。

2015 年实现首批 150 头澳大利亚活牛和 1000 吨冰鲜牛肉空运进口，丰都成为全国首个商品活畜进口试验地，获批国家农业科技园区。“丰都红心柚”荣获“2015 年中国果品百强”品牌，有机大米获第九届中国国际有机食品博览会金奖，丰都花椒被评定为辛香料国家标准。引进农业龙头企业 13 家，发展农民专业合作社 196 个、家庭农场 100 户、庭院牧场 113 个。

1. 丰都县社会经济发展总体概况

立足生态涵养发展功能的定位，丰都县紧紧围绕“生态涵养、绿色崛起”目标，加快推进“工业立柱、城市聚气、农业夯基、旅游靓牌、生态铸魂”五大任务。据《丰都县 2016 年政府工作报告》显示，2015 年实现地区生产总值 150.2 亿元，“十二五”期间年均增长 13.1%；地方财政一般公共预算收入 14.5 亿元，年均增长 26.6%；社会消费品零售总额 63.8 亿元，年均增长 16%；城镇、农村常住居民人均可支配收入分别达到 23902 元、9729 元，年均分别增长 12.4%、15.9%。

表附录 1.1　2011～2015 年丰都县地区生产总值及增长速度　单位：亿元

年份	2011	2012	2013	2014	2015
地区生产总值	99.8	111.1	117	135.37	150.2
同比增长	18.4%	14.3%	10.0%	10.8%	11.0%
全年社会消费品零售总额	37.5	44.0	51.0	58.59	63.8
同比增长	17.5%	17.4%	16.0%	14.6%	8.9%

注：资料来源于丰都县政府工作报告。

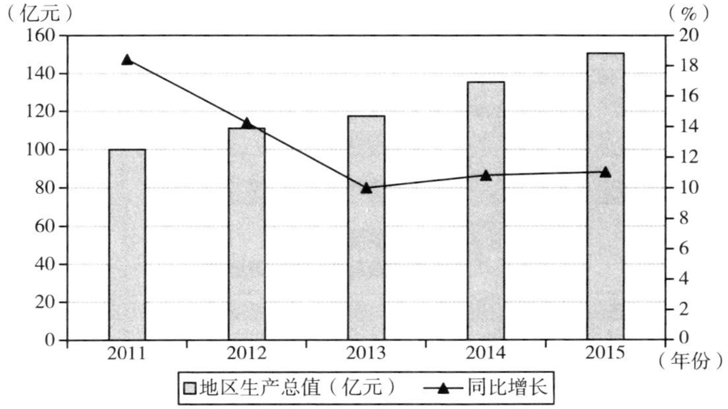

图附录1.1　2011～2015年丰都县地区生产总值及其增长速度

近三年，丰都县地区生产总值保持在11%左右的增速，经济增长速度稳定，经济发展稳定性、协调性、可持续性显著增强，综合经济实力迈上新台阶。

在“十二五”期间，丰都县三次产业显著增长，三次产业结构比从2011年的20.25:43.65:36.1到2015年的18.96:47.47:33.57，第一产业稳步增长，第二、三产业快速增长。

表附录1.2　　　　丰都县三次产业增加值

	2011年		2015年	
	绝对量（亿元）	同比增长	绝对量（亿元）	同比增长
第一产业	20.2	5.9%	28.47	5.3%
第二产业	43.54	25.7%	71.3	15.4%
第三产业	36	17.7%	50.42	10.4%

注：资料来源于丰都县政府工作报告。

从2011年和2015年丰都县第一、第二、第三产业对GDP贡献率对比可以得到，第二产业对经济增长的贡献率增加3.82个百分点，第一产业和第三产业的贡献率有所下降，产业比的调整与丰都县国民经济和社会发展规划紧密相关。

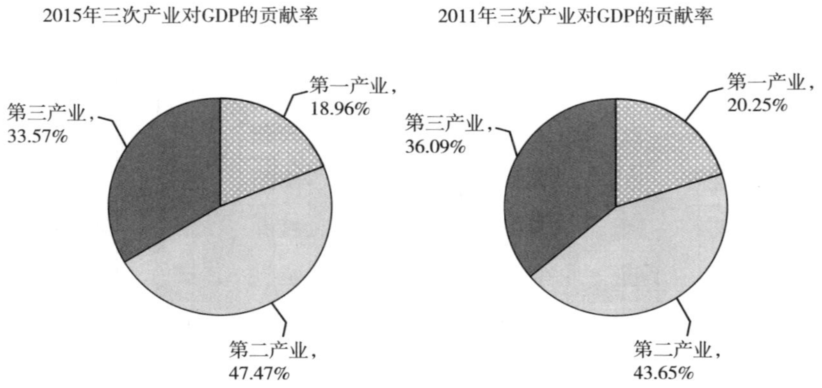

图附录 1.2　2011 年和 2015 年丰都县三次产业对 GDP 的贡献率

在第一产业中，主要以“1+6+X”特色农产品带动，以肉牛产业为基础，有机大米、红心柚、榨菜、豆腐乳、龙眼、花椒等农产品协同发展。在工业发展中，建成水天坪特色工业园、镇江精细化工业园、玉溪工业园和湛普新型建材工业园的“一区四园”的格局，并围绕“农业办工业”的理念，农产品加工产业快速发展。同时，乡镇农贸市场实现全覆盖，“农商对接”等农村商贸网络体系基本形成，农产品和由农产品加工而来的工业品的销售也不断增加。

2011~2015 年丰都县居民人均收入如表附录 1.3 所示。近 5 年，城镇居民人均收入与农村居民人均可支配收入平均年增长分别为 13.2%、16.7%，可以看出农村居民的消费潜力依然很大。

表附录 1.3　2011~2015 年丰都县居民人均可支配收入及增速　单位：元

年份	2011	2012	2013	2014	2015
城镇居民可支配收入	15765	18132	20126	21749	23902
同比增长	16.3%	15.0%	11.3%	11.0%	12.4%
农民人均可支配收入	5991	6932	7850	8679	9729
同比增长	25.6%	15.7%	13.0%	13.4%	15.9%

注：资料来源于丰都县政府工作报告。

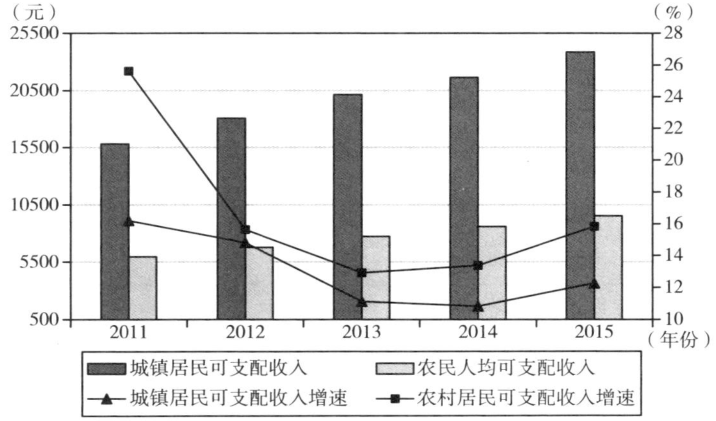

图附录1.3　2011～2015年丰都县居民人均可支配收入

2. 丰都县农产品流通发展概况

（1）丰都县农产品供给概况。

丰都县农业产品种类多，境内农副产品富集。主要粮食作物有水稻、玉米、小麦、洋芋、高粱、荞子等；经济作物有花生、油菜籽、烟叶、蚕茧、青菜头等；果品以柑橘为主，附带生产苹果、梨、香蕉、杏、荔枝、柿子、樱桃、桂圆、枇杷等；蔬菜以菜类、瓜类、豆类、茎类为主。三元红心柚、楠竹锦橙、仙家豆腐乳、邱家榨菜、藠头、“鬼城”麻辣鸡块等名特产品畅销海内外，已形成了肉牛、红心柚、烤烟、林业、苎麻等骨干产业。

2015年丰都县打造3个万亩蔬菜核心基地，种植榨菜19.4万亩。新建红心柚基地5000亩，“丰都红心柚”荣获“2015年中国果品百强”品牌。种植烤烟4.23万亩，收购烟叶9.25万担，烤烟单产、上中等烟叶比例和户均收入全市第一。发展有机水稻6000亩，有机大米获第九届中国国际有机食品博览会金奖。引进农业龙头企业13家，发展农民专业合作社196个、家庭农场100户、庭院牧场113个。规范流转土地44万亩。培育农业科技示范户1000户。推广农机

9483台，耕种收综合机械化水平达到41%。

近年来，随着农村农产品市场化程度的不断提高，农业"大生产、大市场、大流通"的格局逐渐形成，规模不断扩大。农民消费结构也在不断发生变化，逐渐向城市集中，农村现代流通市场网络正在兴起，极大地推动了丰都县农业和农村经济的发展。

表附录1.4　特色农业产业概况

年份	2015	2014	2013
冰鲜牛肉空运进口（吨）	1000	—	—
澳大利亚活牛进口（头）	150	—	—
新增本地肉牛饲养量（万头）	—	2	5.5
榨菜种植（万亩）	19.4	18	16.5
烟叶收购（万担）	9.25	8.5	10.8
有机水稻种植（亩）	6000	—	—
农业专业合作社（个）	196	104	91

注：资料来源于丰都县政府工作报告。

（2）丰都县农产品流通体系。

农产品流通体系构架从整个农产品流通的角度，包括生产、加工、运输、销售、消费，来研究农户与农产品流通中介组织、农产品流通中介组织与市场、市场与消费需求之间的关系，是农产品物流、信息流和流通服务的统一体。

丰都县农产品流通市场目前的主要流通主体为农户、农民合作社、农产品加工企业以及经销商，形成以农贸市场和批发市场为主要载体的格局。在互联网和电子商务平台的推广下，一些电商企业（如淘宝网、京东、苏宁易购等）也成为农产品流通的载体。

丰都县目前农民合作社达830个，专业合作社联合社5个，股份合作社128个，其中，国家级农民合作社示范社6个，市级农民合作社示范社23个。典型代表有丰都县木犀中药材专业合作社联合社、丰都县三元红心柚专业合作社联合社，高家镇助民食用菌合作社、包鸾联鑫蔬菜股份合作社、楠竹柑橘合作社等。龙头企业有重庆恒都农业集团有限公司、重庆丰都三和实业有限公司等。

市场是农产品流通的载体。丰都县已建成投用兴义龙眼、双路果蔬两个季节性农产品市场，除城区菜市场外，新建董家、社坛、兴义、武平登农贸市场，龙城美食香街、福记仙家店、江北生活超市。

丰都县现有的农产品流通模式除了传统的“农户 + 消费者”这种自产自销的流通模式之外，主要有“农户 + 收购小贩 + 批发商 + 零售终端”“农户 + 龙头企业 + 批发商 + 零售终端”“农户 + 农民合作社 + 龙头企业 +（批发商）+ 零售终端”以及“农户（农村合作社）+ 零售终端（超市）”等。在农产品流通体系建设中，除了传统的农户和农民合作社之外，丰都县结合地区特点，提出“企业（公司）+ 联合社 + 合作社 + 基地 + 农户”抱团发展模式和“企业 + 连锁店 + 合作社 + 基地 + 农户”联动共赢模式。

“农户 + 收购小贩 + 批发商 + 零售终端”：这类农产品流通模式有着较大的依赖性，即依赖小贩，依赖农产品的数量。这种模式虽然简单，但却不稳定，交易关系无法长期维持，农民自身利益也由于这些长链流通渠道而受到挤压。

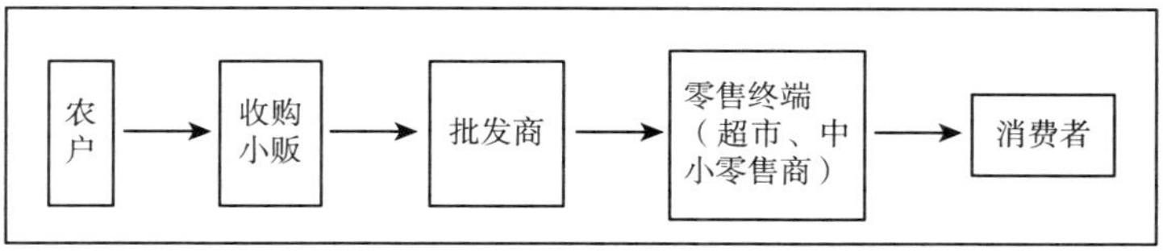

图附录 1.4　“农户 + 收购小贩 + 批发商 + 零售终端”流通模式

“农民 + 龙头企业 + 批发商 + 零售终端”：农民采取与龙头企业合作的方式，签订合同，根据合同要求来进行农产品种类和数量的种植，龙头企业只须定时收购、深加工和销售，又称为订单农业。这种农产品流通模式在一定程度上保证了农户的利益，但其维护纽带只有一纸合同，容易发生毁约；农民在企业面前属于弱势，没有话语权，而企业却可以随意选择适合企业利益的农民的农产品。

“农民+农业合作社+龙头企业+批发商+零售终端”：该模式加入了农业合作社环节，属于针对第二种模式的一种改良模式。农业合作社的主要职责，是按照企业需求农民进行农产品计划生产，并对生产过程进行技术、资金的支持，在农产品达到收购要求时与企业一起进行验收。虽然这种农产品流通模式值得肯定，但是这种农业合作社在我国还不够成熟，存在很多漏洞，合适人员选择上也存在着问题。

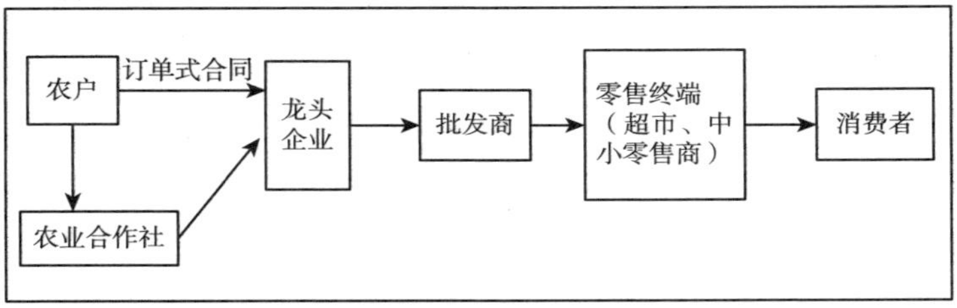

图附录 1.5 “农民+（农业合作社）+龙头企业+批发商+零售终端”模式

“农民（农业合作社）+零售终端（超市）”：该模式又称“农超对接模式”，只由生产方和销售终端两者组成，中间环节被省略，消除了中间环节的成本浪费，将农民和销售端的利益最大化，可以说是之前几种模式的优化模式。但是这种模式对于作为销售端的超市有着太多的要求，而很多农产品属于鲜活产品，在运输和储存上都是超市销售终端急需解决的问题；农民也会面临“店大欺客”的现象，而且农产品的运输多为农民自己进行，很难把握农产品的新鲜程度。

“企业（公司）+联合社+合作社+基地+农户”的抱团发展模式：主要由公司提供资金、技术和服务，农户以土地确权入股、现金入股或者土地流转等形式加入合作社，由合作社独立核算经济效益，联合社进行“六个统一”即：统一生产规划、统一供种育苗、统一施肥防病、统一信息服务、统一品牌包装、统一人才培训；企业进行保底收购、宣传营销和集中销售。集中用好“土地、劳动力、资金、技术”等资源，抱团做大做强地方产业，以产品购销规模作为物资购进、产品销售的最大优势，形成区域内具有较强影响力的产品品牌。典型代表有丰都县木犀中药材专业合作社联合社、丰都县三元红心柚专业合作社联合社等。

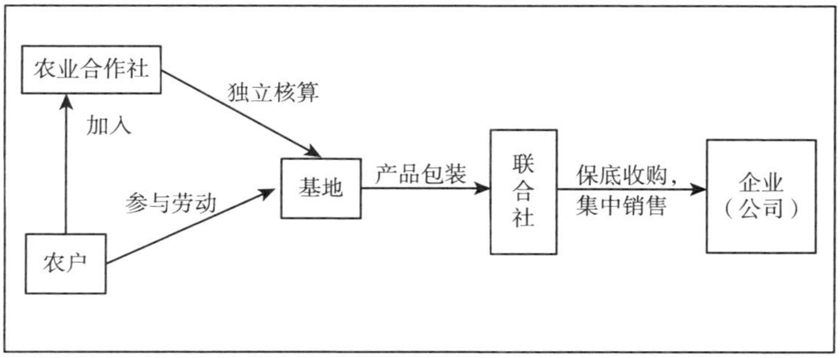

图附录1.6　"企业（公司）+联合社+合作社+基地+农户"模式

"企业+连锁店+合作社+基地+农户"联动共赢模式：采用"农头带动、统分结合、一次分红、二次返利、兜底回收、品牌销售"，由合作社统一育苗供种、统一监理管护、统一饲料（农资）供应、统一病害防治、统一技术培训、统一收购销售等服务，企业以保障农户利益为前提进行保底价格回收，以连锁门店等形式将产品精细化、品牌化销售，形成产品联动互助共赢模式。典型代表有祥瑞土鸡股份合作社与丰都孙记麻辣鸡、秀琼藠头合作社与明富实业有限公司。

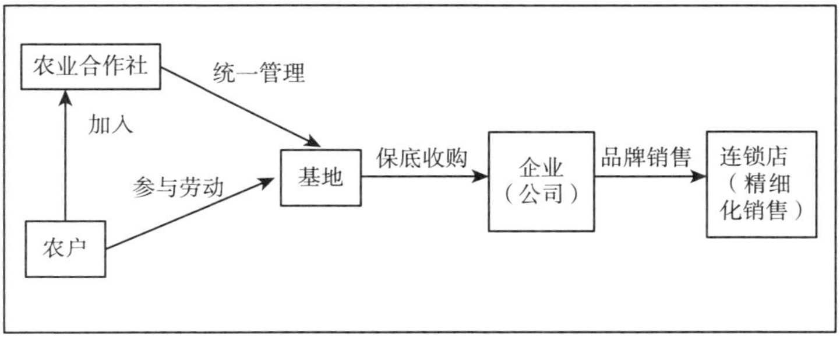

图附录1.7　"企业+连锁店+合作社+基地+农户"模式

近年来，随着互联网发展，农产品流通模式也引入了互联网平台，形成"电商企业+政府+合作社+农户"农产品网销模式。

(3）丰都县农产品流通环境。

丰都县坚持“产业向园区集中、人口向城镇集中、生产要素向规模经营集中”原则，加大基础设施、生态环境、公共服务等项目建设力度，形成“一城两片六组团”格局。

丰都县目前已建成多个冷链物流系统、标准配送仓库设施，与邮政等物流建立战略合作协议，建立完善县、乡、村三级物流配送体系，解决县到乡镇、到村的配送问题，形成以邮政、顺丰等快递企业为基础的电商物流配送体系。

制定《丰都县电子商务“十三五”发展规划》，在电子商务平台的推广下，加强物流配送资源整合，引导和扶持全县快递物流企业“退城进园”，推进城乡物流配送体系建设，构建“工业品下乡、农产品进城”的线下通道。培育壮大“恒都牛肉”“孙记麻辣鸡”“乡姑榨菜”“三元红心柚”等一批网销品牌，全力推动“丰都产”“丰都造”走出丰都、走向全国。

随着电子商务的发展方兴未艾，丰都县将农村电子商务作为推动“三农”转型发展的新引擎，成功引进阿里巴巴、京东两大电商巨头入驻丰都，建成投运县级电商运营中心和丰都特色馆。以网络营销为主攻方向，积极引导实体经济与电子商务融合发展，鼓励传统涉农企业在第三方 B2B、B2C 平台开展“触网”销售，培育“恒都牛肉商城”“绿汇食材商城”“指尖上的丰都”等本地网销平台，打造“恒都牛肉”“孙记麻辣鸡”“乡姑榨菜”“光明牛肉干”“三元红心柚”“群芸麻花”等一批本地网销品牌。

（二）丰都县农村电子商务发展

1. 丰都县农村电子商务整体发展情况

(1）电子商务产业规模持续增长。

丰都县全县电子商务市场经营主体达到 1600 多户，其中工商登记主体建库 805 户，非工商登记主体建档 868 户，“建库建党网站（网页）”数量达到 1884 个。据不完全统计，2014 年全县电子商务交易额达到 1.0 亿元，2015 年达到 5.0 亿元。2014 年网络零售额达到 0.5 亿元，2015 年超过 2 亿元。电子商务产业进入快速发展期，电子商务发展机遇好。

表附录 1.5　2011～2015 年丰都县居民人均可支配收入及增速

年份	2014	2015
电子商务交易额（亿元）	1.0	5.0
同比增长	—	500%
网络零售额（亿元）	0.5	4
同比增长	—	400%

注：资料来源于丰都县政府工作报告。

（2）电子商务产业经营模式不断创新。

丰都县鼓励电子商务产业发展。针对传统企业，引导和鼓励其在第三方 B2B、B2C 平台开设旗舰店、专营店来推动传统企业“触网”开展网上销售。鼓励县域内已开展电商的企业做大业务量，扩大注册用户数，增加电商户数，充分利用县内外已有的网络平台，扩大网络零售量。实现电商产业三次产业融合发展。“丰都网”已建成本地最大的综合信息平台网站，“丰都城市热线网”已建成本地最大的 O2O 平台网，“恒都牛肉商城”“绿汇食材商城”网已成为第一、第二产业与电商融合发展的典范。

（3）特色网商产品得到发展。

丰都县大力发展特色效益产业，创建网商产品品牌，“恒都牛肉”“丰都红心柚”“栗子大米”“乡姑榨菜”“丰都豆腐乳”等农产品品牌，“天下名山·上善丰都”等文化旅游品牌已具有一定网络知名度和影响力，特别是形成了“恒都牛肉”“丰都旅游”两大知名网商品牌，并取得较好销售业绩，成为丰都电子商务领导品牌、龙头企业，为进一步发展网商产品（服务）提供了广阔的发展空间。目前在“淘宝”“天猫”“京东商城”“苏宁易购”“唯品会”等电商平台上有1000种以上商品出售。

（4）电子商务配套服务不断完善。

丰都县目前已建成多个冷链物流系统、标准配送仓库设施，形成了以邮政、顺丰等快递企业为基础的电商物流配送体系，以代运营、摄影、模特、电脑制作、培训、电子商务秘书企业为主的专业电子商务服务体系。设立农村电商服务中心和农村电商服务站，农村电商服务站覆盖130多个村，服务站中配置电脑和网络环境，聘请合伙人，实现农产品的上行和工业品的下行。

（5）农村电商平台网点覆盖率不断增长。

阿里巴巴与京东等第三方平台在丰都县建立农村电商服务站，方便优质网上商品的下行以及优质本地农产品的上行，截至2016年，阿里巴巴覆盖丰都县农村电商网点50余个，覆盖面积达到20%，京东覆盖丰都农村电商网点80余个，覆盖面积达到32%。

（6）电子商务龙头企业壮大发展。

丰都县依托中国邮政建设了“邮乐网”成为工业品下乡的电子商务平台，并在高家镇、杨柳村等乡村建设O2O实体店，帮助农民进行网购或网订店取；将“恒都牛肉”打造成农产品进城的典范，由恒都牛肉建设官方网站、淘宝旗舰店、天猫直营店、京东合作店，对产品质量建立全程追溯（监控）系统，实现养殖、屠宰、加工、销售、冷链全过程覆盖。

（7）跨境电子商务取得新突破。

2015年10月21日首批澳大利亚活牛抵达重庆，11月新鲜可口的进口牛肉正式上市销售。以“恒都牛肉”为龙头的跨境电子商务成为全县以及电子商务行业新的增长点，实现了借力跨境电子商务“请进来”，借助“恒都牛肉”“京东”“全球购”“天猫国际”等平台实现跨境电商全球购。

2. 丰都县农村电子商务发展的模式

（1）依托丰都县农村电商服务中心实现农产品进城和工业品下乡。

阿里巴巴与京东等第三方平台以县为单位建立农村电商服务中心，以电商服务中心为基础在各个村里人口相对集中的地方开设“农村电商服务站”，服务站中设置有电脑并搭建好网络环境，通过笔试与面试进行严格筛选，聘用专职的电商服务站员工（称为合伙人）和兼职的帮手对服务站进行管理，每个季度对合伙人的销量进行考核，三个季度下来，销量靠后的合伙人将被降级为帮手，而业绩靠前的帮手可以升格为合伙人。服务站为村民服务，配套相应物流，村民可以在服务站购买网上商品，通过将网上商品和村里便利店的商品进行横向对比，自由选择购买最实惠的商品，也可以将本地优质的产品通过淘宝或京东搭建的网上平台销售到全国各地，以实现农产品进城和工业品下乡。但由于物流和电商人才匮乏，农产品上行还处在试行阶段。截至2016年8月，阿里巴巴服务站共覆盖52个村，京东服务站共覆盖80个村。

（2）与第三方平台合作打造本地知名网销品牌。

使用“电商企业+政府+合作社（企业）+农户（含贫困户）”的运营模式，鼓励传统涉农企业获取包括有机认证在内的网销所需资质，通过政府扶持，由第三方平台打造的丰都县特色产品馆通过数据分析筛选出具备网销资质且达到网销标准的网销企业、并引导这些特色产品企业与猪八戒网在内的一些第三方B2B、B2C平台合作进行包装和推广，在第三方平台上开设旗舰店、专营店。“恒都牛肉商城”“绿汇食材商城”“指尖上的丰都”都是该模式的成功案例，成功打造了“恒都牛肉”“孙记麻辣鸡”“乡姑榨菜”“光明牛肉干”“三元红心柚”“群芸麻花”等一批本地知名网销品牌。

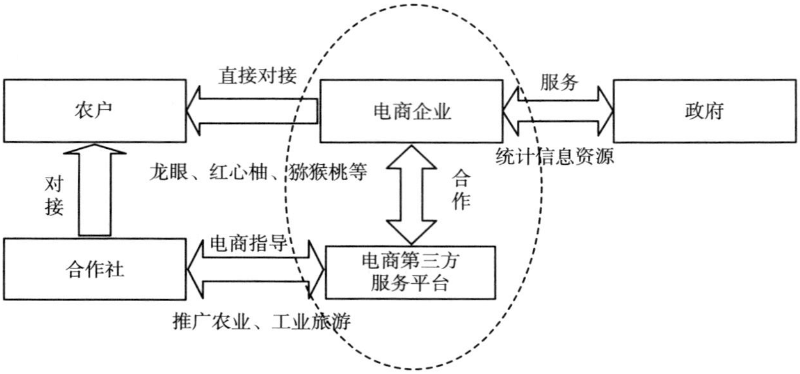

图附录 1.8 “电商企业 + 政府 + 合作社（企业）+ 农户（含贫困户）”的运营模式

3. 丰都县农村电商发展的政策

（1）建立电子商务专项资金，扶持行业发展。

丰都县设立县级电子商务发展专项资金，积极发挥政府财政资金的带动、引导、杠杆作用，加大电子商务产业园建设和传统产业“触网”转型升级的扶持力度。加大对本土电子商务平台、中小微型企业发展的抉择，孵化培育中小微型企业创新发展。加强对大型电商平台、企业及相关物流、技术服务、第三方支付企业在丰都建立总部（含区域总部、职能总部）的奖励扶持力度，带动全县电子商务及相关产业发展。

（2）加大用地支持力度。

统筹安排电子商务产业及配套物流设施建设用地，优先保障有利于产业转型升级的重大电子商务及物流建设项目用地，保障大中型电商平台、企业及相关物流企业用地需求。电商项目及配套物流项目用地价格参照同地段、同级、同性质用地的优惠价格执行。

（3）加大税收优惠。

落实税收优惠政策，支持电子商务及相关服务企业参与高新技术企业认定，符合条件并通过认定的，可享受技术先进型服务企业税收优惠政策，凡入驻丰都的电商企业及相关配套服务企业符合西部大开发税收优惠政策的，按西部大开发优惠税率执行。

对电子商务企业为新技术、新产品、新工艺发生的研发费用，未形成无形资产计入当期损益的，可在按规定据实扣除的基础上，按研发费用的50%加计扣除，形成无形资产，按无形资产成本的150%摊销。

（4）财政奖励政策。

电商楼宇奖励。积极推进电商产业园区建设，对于由县电商办认定的重点电子商务楼宇、孵化器超过5000平方米以上的，具备电商企业运营所需的配套服务设施，入驻的电商企业20家以上且有经营实绩的，给予开发业主一次性奖励10万~20万元。

租房补贴。对规模以上电商企业，三年内按照第一年20元/平方米，第二年10元/平方米，第三年5元/平方米给予补贴，每家企业补贴总额不超过10万元，补贴期间不得将办公场所转作他用，补贴资金采取先缴后补形式，租赁期满一年后开始补贴，按年结算。

平台奖补。对电子商务平台企业，按上年度电子商务平台项目实际开发和推广费用的20%给予补贴，最高不超过50万元。费用具体认定由县科委、县电商办、县财政、县审计等部门组织专家进行评审。

企业“上网”奖补。对传统工业企业开展电子商务，自建网站、APP、微商城，在第三方平台建设主题馆，以研发投入方式，按建设费用30%给予奖励补贴，最高不超过10万元。

（三）丰都县扶贫基本情况

1. 丰都县扶贫总体成绩

丰都县扶贫成绩：2015年筹集扶贫资金12.3亿元，启动扶贫项目1064个，累计建设贫困村通村通畅道路401公里、通社通达道路270公里、人行便道476公里，新建、改扩建便民服务中心25个，改造贫困户D级危房370户。大力实施产业扶贫，实现贫困村和有发展能力的贫困户产业脱贫项目全覆盖。出台并全面落实医疗、就业、金融、教育等11类精准扶持政策，对特殊困难群众实现全面兜底。派驻95个扶贫驻村工作队，建立县、乡镇、村三级干部"65432"帮扶机制，实现帮扶到户全覆盖。广泛开展扶贫济困活动，在水利部、市人大帮扶集团、河北省等帮助支持下，募集社会资金3.3亿元。全年实现45个村脱贫销号、39638人脱贫越线。2016年扶贫目标是切实巩固2015年度脱贫成果，奋力实现50个贫困村脱贫"销号"、3.03万贫困人口脱贫"越线"，确保顺利实现整县脱贫"摘帽"。2017~2020年，解决局部、个别特殊困难贫困户的脱贫问题，打扫扶贫攻坚战场，巩固建档立卡贫困村脱贫成果，确保农村贫困人口稳定脱贫不返贫。

2. 丰都县扶贫具体实践

丰都自全县扶贫攻坚启动以来，坚持把扶贫开发工作放在统筹城乡区域发展大局、解决"三农"问题大背景、推动丰都"生态涵养、绿色崛起"全局中来谋划推进。牢牢把握"减贫增收"这一核心，以产业扶贫为重要抓手，加强基础设施建设大力实施精准扶贫精准脱贫，同时推动社会保障扶贫、创业就业、高山生态搬迁等方面的扶贫帮扶工作，着力解决制约发展的突出问题，有效推动基本公共服务均等化，不断增强贫困地区和扶贫对象的自我发展能力。

（1）强化产业扶贫。

大力发展特色效益农业。加快推进以肉牛为主的"1+6+X"特色效益农业，突出扩量、提质、增效，实现适宜贫困村、贫困户全覆盖。大力发展成本低、风险小、见效快的增收项目，如种植中药材和蔬菜、养羊、养鸡等。引导龙头企业、专业合作组织、家庭农场、专业大户与贫困户建立利益链接机制，鼓励贫困户以财政扶贫资金、农房、土地和林地经营权等入股组建合作社，采取“保底分红”等政策，增加租金、股金和薪金收入。目前新建红心柚基地3000亩，种植烟叶4万亩，种植榨菜21万亩，发展有机稻6000亩、有机认证3500亩。支持各乡镇（街道）因地制宜发展花椒、龙眼、黑花生、猕猴桃、山羊等区域特色产业。

大力培植乡村旅游业。充分发挥大名山、南天湖、雪玉山、横梁等精品景区的辐射作用，依附休闲度假、观光旅游、乡村小憩等，促进农旅融合，扩大贫困农民参与面和融合度。引导贫困群众通过土地、林地、劳动力等方式入股，参与高山休闲旅游地产开发经营和乡村旅游服务。打造12个具有一定影响力的乡村旅游示范村，20个特色乡村人家（星级农家乐）。有序开发休闲农庄、乡村酒店、特色民俗、户外运动等乡村旅游产品。目前已打造4个高品质乡村旅游示范村，包括沿江万亩龙眼产业带、渠溪河流域红心柚精品示范园、高山有机农业示范园区，着力将国家肉牛科技园区、有机农业农耕文化体验区打造为4A级景区。

大力发展特色生态工业。围绕工业园区装进装满，大力发展医疗器械、电子、轻纺等劳动密集型产业，优先吸纳贫困户就业。围绕肉牛、榨菜、红心柚、有机大米等优势农产品，培育和引进一批农产品深加工企业，既让贫困户种植的农产品有销路，又让贫困户能够就近务工。扶持农民专业合作社、种养大户自办农产品加工企业，研究制定支持农产品加工用地政策、补助政策，让贫困农民更多分享农产品各环节的增值收益。

大力推进电商扶贫。全力推进电商产业发展，开设网上销售专区，实现所有贫困村电商服务点全覆盖。推动农商融合，加强阿里巴巴、京东两大农村电商平台建设，推进农产品市场和商贸流通网络建设，加快完善县乡村物流体系。全年新发展村级电商服务点120个、本地电商经营主体500个，采取网络线上销售与农资进超、农企对接等线下营销结合模式扩大农产品销量，提高市场占有率。

大力发展林下经济。退耕还林优先满足贫困村、贫困人口需要。因地制宜发展特色经济林，综合发展林产品加工、林下种植、林下养殖等项目。

（2）积极推动财政金融扶贫。

丰都县扶贫办建立“政府＋银行＋担保＋保险”的互联融合发展模式，引导金融资金投入贫困地区和贫困户，支持创业就业和产业发展。贷款范围及对象主要为从事创业就业、危旧房改造、高山生态搬迁建房的建卡贫困户；吸纳建卡贫困户就业或与建卡贫困户建立利益链接关系从事种养殖业、加工业、乡村旅游等产业的龙头企业、专业合作社、小微企业、大户等农业新型经营主体。为符合条件的贫困户提供5万元以下、3年以内、免担保、免抵押、基准利率的小额信贷支持，由财政扶贫资金按基准利率全额贴息。扩大贫困村村级互助资金覆盖范围，每个贫困村互助资金规模不少于50万元。

目前丰都县扶贫办贴息资金6000万元，撬动银行资金3亿元投入扶贫，发放贷款1.15亿元；针对D级危房贫困户、因学致贫贫困户、贫困户及与贫困户建立利益联结机制的新型农业经营主体，创新推出“住房贷”“助学贷”“产业贷”等业务，发放各类贷款9959万元。积极开展小额信贷，发放贷款1501万元，惠及贫困户338户。建立村级扶贫互助协会57个，筹集互助协会资金1275万元，按照“小额、短期”原则向贫困户发放借款1802笔1623万元。

（3）积极推进水利部定点帮扶丰都县脱贫“八大工程”。

①农村饮水安全巩固提升工程。对88个建档立卡贫困村实施农村饮水安全巩固提升工程，解决建档立卡贫困人口2.614万人饮水安全问题，自来水普及率达到80%。截至2016年8月底丰都县134处农村饮水安全巩固提升工程已全面完成，累计完成投资1449万元，1.988万名农村贫困居民提前喝上了干净水、放心水。丰都县水务部门还加强建后管护和水质监测，贫困村饮用水合格率达到72%、集

中式供水受益人口达到80%、自来水普及率达到85%。②千塘万亩特色产业支撑工程。新建山坪塘91口、整治山坪塘611口，支持特色种植业7540亩，帮助860户贫困户实现增产增收。③小型水库水源保障工程。新建8个小型水源项目，有效解决工程性缺水问题。④贫困户产业帮扶工程。贫困户小额贷款贴息或担保及适当股权帮扶1430户。⑤贫困户转移就业技能培训工程。转移就业培训帮扶建卡贫困群众250人。⑥贫困学生勤工俭学帮扶工程。勤工俭学帮扶大专以上贫困学生250人。⑦水利建设技术帮扶工程。由中国水科院与长江勘测设计院对口帮助开展水库升级等项目规划方案研究及及工程建设前期工作。⑧专业技术人才培训工程。开展水利专业技术人员培训300人次，其中，2016年培训89人次。

此外，丰都县目前利用农村电商扶贫的绩效还没有显现出来，需要在政府的积极引导下整合各电商企业、各龙头企业与贫困村集体、贫困户的所有资源，落实进一步的电商扶贫项目实施意见，推进电商扶贫进程。

3. 调研关塘村产业扶贫现状

（1）关塘村产业扶贫现状。

关塘村有村民565人，贫困户23户87人（其中因学致贫5户22人，因残致贫2户6人，因病致贫16户59人）。主要利用产业发展、聘用工、发展养殖等来进行帮扶。全村围绕乡村旅游发展思路，投入项目资金780.5万，建成了“两花三果”五大产业。流转土地1100亩，栽植荷花350亩，栀子花200亩，猕猴桃300亩/清脆李250亩、车厘子623亩，土地流转率76%。目前群众就地务工收入99.8万元，土地流转资金27.4万元。由此带给农户人均收入是2247元，已超过3级贫困线标准（家庭人均年收入2000元），在一定程度上能够解决一部分农户的深度贫困问题。

（2）关塘村产业扶贫实践。

关塘村形成“专业合作+企业+农户”产业利益联结机制，实现了土地流转有租金、基地就业有薪金、效益农业有售金、超产分成有奖金的“四金”脱贫路。分红模式：专业合作社代表村委和入会村民以项目资金和管理入股，企业以自筹资金入股，农民以土地入股（田400元/年，地300元/年）并保底分红。分红比例按照“专业合作社20%；企业45%；农户35%（贫困户增15%）”。专业合作社盈利后除每年留足50%的分红外，其余50%上缴村上作集体收入，以不断壮大村级集体经济。管理模式：所有产业项目均以专业合作社为平台，由专业合作社统一组织实施管理。用工模式：产业基地就业优先解决本村村民、优先解决贫困户。参与产业的贫困户主要做土地承包企业的劳务，另外获得企业的分红。

表附录1.6　　关塘村产业收益情况

收益／产业	规模（亩）	财政补助（万元）	近三年收益（万元）													
			2015年				2016年					2017年				
			农户		企业	专业合作社	农户			企业	专业合作社	农户			企业	专业合作社
			务工	土地流转			务工	土地流转	分红			务工	土地流转	分红		
猕猴桃	300	79	21				15			52.6		18	9		213	
莲藕	280	100	15	6	31		11	11.2	11.5	52.6	6.6	10	11	12	53	7
栀子花	200	50	12				9	6				9	6			
清脆李	623	85.5	25				15					17				
车厘子	250	50	8.4				5	7.5				7	7.5			
合计	1653	364.5	81.4	6	31		55	24.7	11.5	105	6.6	61	34	12	266	7

目前关塘村的“两花三果”产业处于建设初期，围绕观光旅游，开展免费观光项目“栀子花节”，打出地域特色名片，为当地农户带来就业增收机会。后期产业规模逐渐成熟以后，从表附录1.6收益数据中可看出，带给农户和合作社及企业的经济效益会逐年稳步增长。未来结合农村电子商务带来的便利，将有效助推当地贫困户减贫脱贫。

（3）关塘村扶贫工作中的问题

①劳动力缺乏且参与农户的综合素质较低。目前，农村的中青年劳力基本都已外出打工，“留守老人”一无体力，二无智力，要实现产业的转型扩规和提质都很难。同时贫困户的综合素质较低，短时间内提升不起来。特别是目前对贫困户的划分，由于一些村民的素质较低，不愿意配合村干部的工作。

②金融扶贫成效差。通过积极发动农户金融贷款，全村13户申报65万元，但贷款审核程序复杂、周期长，目前只有扶贫款鱼贷款3万元。

③产业可持续问题。产业项目建设初期经济效益还未体现出来，给农户的收益还不多，后期效益需要可持续的投入与有效管理。另外脱贫时间太紧。关塘村2015年被评为国家贫困村，2016年年底要求全部脱贫对于关塘村来说有些操之过急。而产业项目的规模经济也需要一定时间体现出来。

④关塘村的农产品网络平台没有建立起来。而村民希望不用出门就能够把自家的东西卖出去（如土鸡蛋），以提升他们的经济收入，也希望借助于网络平台发展村里经济吸引年轻人回乡建设。

4. 丰都县扶贫工作持续开展所面临的形势

（1）离国家扶贫工作要求有较大差距。

中共中央政治局会议明确指出到2020年通过产业扶持、转移就业、易地搬迁、教育支持、医疗救助等措施解决5000万左右贫困人口脱贫，完全或部分丧失劳动能力的2000多万人口全部纳入农村低保制度覆盖范围，实行社保政策兜底脱贫。加快实施电商精准扶贫工程，逐步实现对有条件贫困地区的三重全覆盖：一是对有条件的贫困县实现电子商务进农村综合示范全覆盖；二是对有条件发展电子商务的贫困村实现电商扶贫全覆盖；三是第三方电商平台对有条件的贫困县实现电商扶贫全覆盖。贫困县形成较为完善的电商扶贫行政推进、公共服务、配套政策、网货供应、物流配送、质量标准、产品溯源、人才培养等体系。到2020年在贫困村建设电商扶贫站点6万个以上，占全国贫困村50%左右；扶持电商扶贫示范网店4万家以上；贫困县农村电商年销售额比2016年翻两番以上。乡村旅游的产品由于缺乏会规划、管理的人才，难以满足都市人对乡村产品的期望。

丰都县目前有95个贫困村、1.94万贫困户、7.19万贫困人，扶贫的任务较重。农村电子商务处于初步发展阶段，存在基础设施落后、专业人才匮乏、公共服务体系还未建立起来，通过农村电商精准扶贫离国家要求有较大差距。

（2）落实重庆市脱贫攻坚目标尚有一定困难。

重庆市要求到2017年年底，实现18个扶贫开发工作重点区县全部“摘帽”、1919个贫困村整村脱贫、165.9万农村贫困人口绝大部分越过扶贫标准线，基本完成扶贫攻坚任务。2016年年底丰都县要求95个贫困村整体脱贫。时间对丰都扶贫攻坚工作是巨大的挑战。而目前大力推行的产业扶贫，在短期内效益还未能体现出来，后期效益保障也有一定风险。因此丰都县脱贫可持续性是保证全县脱贫攻坚目标实现的重要影响因素。

（3）丰都县扶贫工作面临的重要挑战。

①贫困程度较深。全县贫困村占行政村总数1/3；贫困人口占农业人口的12.2%；贫困发生率为12.2%，比全市高5.1个百分点，比全国高8.5个百分点；其中家庭人均年收入低于2000元（重度贫困）占10%，家庭人均年收入2000～2500元（中度贫困）占38%；全县农民人均纯收入较低，仅占全市人均水平的75%；此外，贫困原因类别多，情况复杂。

②内生动力不强。少数贫困群众感受到了“贫困帽”的好处，甚至表现出对帮扶责任人过分依赖，与本村贫困户相互攀比等现象，一些贫困户已经达到脱贫验收标准，但盼望得到更多的扶持，存在“不愿脱贫”的现象。同时，少数贫困由于长期处于贫困的境况，缺

乏脱贫的信心，也不愿走出贫困的生活，安于现状。按照本地人的说法，就是懒惰，自己不努力。但按照贫困户自己的说法，就算自己努力进行农业生产种植，收益也不足以改善家庭生活，因为生产的农产品缺乏销路。

③增收基础不牢。县有脱贫工作方案，乡镇有脱贫实施意见，村有脱贫规划，农户有脱贫方案，但在实施过程中存在一定困难，原因在于村级规划不合理，到户项目确定不很精准，长短结合不够实际，产业覆盖上规模经营与散户覆盖结构不够科学。

④返贫因素较多。脱贫与返贫呈“拉锯式”状态，持续发展、稳定增收的基础仍然很弱，巩固和提高扶贫成果难度加大。

（四）丰都县农村电商精准扶贫情况

1. 丰都县农村电商精准扶贫的概况

丰都县把深度推进农商融合作为实施精准脱贫的重要抓手，支持恒都公司在上半年组建具有跨境资格的营销公司、冷链物流配送中心和交易结算中心，加大对品质土特产品包装力度，让农产品线下进入大型商超和大型餐饮连锁，线上以农村淘宝、京东为平台销售全国。全年新发展村级电商服务点120个、本地电商经营主体500个，采取网络线上销售与农资进超、农企对接等线下营销结合模式扩大农产品销量，提高市场占有率。推进农业信息进村入户，将现代信息技术应用于农业生产，鼓励对大田种植、畜禽养殖、渔业生产等进行物联网改造，示范推广农业物联网应用。

2. 丰都县农村电商精准扶贫工作实践

（1）以农村电商服务平台，实现工业品下乡。

利用农村淘宝平台，通过举行电商扶贫暨“淘宝年货节·旺农贷”活动，网购工业品50000多元；实现网销农产品15000多元。利用农村淘宝村级服务站的渠道优势，全县合伙人“春耕”节期间为村民代购代销优质农资农具金额近500万元。通过网络的便利为村民节省了消费型支出。全县20名村淘合伙人获得阿里巴巴网商银行“旺农贷”授权，累计向村民发放“旺农贷”112万元。京东集团举行电商扶贫招工活动，定向招收建档立卡贫困家庭劳动力，丰都县贫困村的38名村民被录用为京东集团的正式员工，拓宽了农民增收渠道。

利用“江渝惠”“江渝微社区”电商平台，拟将扶贫示范企业的恒都牛肉以及其他农产品进入电商渠道，帮助企业扩大销售范围，助推扶贫工作。针对贫困群众缺资金、缺技术、缺劳力等实际情况，探索出母牛领养、肉牛托养、庭院牧场的发展模式，打破产业发展与脱贫攻坚“瓶颈”。目前，丰都肉牛产业对贫困农户增收贡献率达25%，带动5100余户贫困群众参与。全县散养肉牛13.89万头，养牛企业达35家，不仅实现了精准扶贫，也壮大了肉牛产业。

丰都县以电子商务进农村作为行业扶贫的重要抓手，以开拓农村电商消费市场、促进贫困地区农特产品触网营销为主攻方向，以建平台、拓窗口、增网络、促创业为重点，将全县95个贫困村纳入电商进农村建设范围，搭建农产品出村进城、工业品下乡进村的电子商务服务配送体系和网络平台。通过推进农村淘宝、京东等农村电商示范点扶持当地的二段物流，打通农村“最后一公里”基础物流，以实现地网扶贫。同时提供村淘合伙人岗位吸引更多年轻人返乡创业就业，以实现人网扶贫。这些年轻人把互联网的思维带回农村，成为农村与互联网与外面世界的重要链接者，引导农村居民的消费习惯和消费理念。除此之外，将互联网金融、医疗、教育等带进农村。网商银行联合芝麻信用深入农村，与邮储银行、农信社等当地机构探索信用合作，通过旺农贷为农民提供小额贷款；淘宝教育深入农村解决当地留守儿童教育问题；阿里健康与医院合作在村淘站点做远程医疗等。丰都的电商扶贫下一阶段将加快人才教育、吸引人才回流，帮助农村完善物流等基础设施以及帮助农业产业升级等方面一起发力。

（2）以专项资金支持电商精准扶贫。

电商扶贫资金用于补贴“网上村庄”电商扶贫合作社和支持电商平台建设。运用于合作社运转、合作社物流、仓储、电商扶贫平台开发、产品包装、活动策划、信息采集、数据维护、社员培训等方面。对新建的“网上村庄”电商扶贫合作社，经验收合格给予不超过3万元补贴。已经验收投入营运的“网上村庄”电商扶贫合作社，每年进行一次营运考评。经考评合格后，每个合作社不超过20万元补贴。获取补贴的“网上村庄”电商扶贫合作社社员不低于100户。其中，建卡贫困户不低于20户，愿意加入合作社的建卡贫困户无条件限制纳入，并优先享受销售农产品的权利。

（3）培养农村电商人才、创造农村电商氛围。

围绕打造“三个中心”展开，一是打造电商生态服务中心。集商业、健康、教育、金融为一体的生态中心。二是打造电商创业孵化中心，通过农村淘宝培养一批电商人才，依靠政府的支持，对电商人才进行培训。三是打造电商公益文化。通过村服务中心搞一些亲子活动，丰富农村的文化活动，吸引年轻人回乡建设。

五、丰都县农村电商精准扶贫面临的主要问题

（一）农村电商双向流通发展不平衡

丰都县农村电商的应用主要是丰都本地的农产品上行及工业品下行等双向流通领域，但目前丰都农村电商在双向流通中发展较为不平衡，具体如下：

1. 农产品上行电商运营模式单一、平台缺乏、配套服务滞后

（1）农产品上行主要采取单一的B2B2C模式。

目前，丰都县农产品流通模式仍采用传统的流通方式主导，农产品上行的电商营销运营模式为B2B2C（企业+平台+消费者）的电商营销运营模式，因此，农产品上行的电商营销运营模式单一、电商营销运营体系不健全。虽然全县积极开展电子商务应用推广宣传，鼓励传统商贸服务企业和生产加工企业“触网”，但大多数企业和商户对电子商务重要性、紧迫性认识不足，对电子商务的理解仅停留在上网或网站、网页建设阶段，虽有指尖等企业负责对丰都的电商企业进行培育和指导，但受限于培育对象的“触网”意识以及经营意识，培育工作成效不够理想。

（2）农产品上行专用电商平台（网站、APP、微信公众号等）较为缺乏。

丰都特色农产品上行的专门电商运营平台开发、设计与运营严重不足。仅仅培育了“恒都牛肉商城”等本地网销平台的网站，但其他专门的农产品交易网站交易量寥寥可数。针对农产品电商的专业运营平台的开发能力不足，设计缺少特色，电商运营平台的管理运营缺少专业团队。

（3）农产品上行中包装、加工和配送服务等发展严重滞后。

丰都的农产品上行网络流通中需要对流通中的农产品进行标准化的包装、加工和便捷的物流配送服务等均较为滞后，限制了农产品上行。农产品上行需要解决农产品的质量鉴定、质量的标准化以保证质量的持续性、信息的标准化以保证有效的追溯等，而这些由于投入必然带来物流成本的上升。丰都目前在农产品上行方面还面临较大压力。

2. 工业品下行电商模式及配套服务有较强垄断性和排他性

（1）“农村淘宝”“京东帮”等农村电商平台（企业）其运营模

式上有较强的垄断性。

丰都现有的农村电商下行以“农村淘宝”“京东帮”为主，且已占据一定的市场，在电商运行初期尚且获取一定的政府支持，这对于其在农村地区的市场拓展是非常有利的，在一定程度上形成了农村电商运营的相对垄断性。这种垄断虽然给农村地区带来了福利，但也势必给后续农村电商的进入形成了一定的进入壁垒，如物流渠道自用不开放等，影响农村电商平台的可持续发展。

（2）“农村淘宝合伙人”等农村电商创业主体面临较强的运营风险与可持续发展问题。

丰都目前两类农村电商模式在农村网点的运营都依赖于“农村淘宝合伙人”之类的创业主题，这类创业主体进入门槛不高，可替代性强。专业知识匮乏、收入的不稳定性和运营成本问题，对这类创业主体的运营风险和可持续发展带来了挑战。

（3）“农村淘宝”“京东帮”等农村电商平台（企业）自建的物流配送体系及相关服务有较强的排他性。

丰都目前的农村淘宝等自建物流配送服务体系自主经营，仅仅配送自己平台销售的工业品，缺乏与大众或公共电商平台（企业）间的衔接，也缺乏与其他第三方物流配送服务的协同。现有的农村电商都依赖自建的物流配送体系来完成农村地区的配送，配送能力有限、配送范围小，与第三方物流配送服务的合作甚少，这势必导致物流配送服务不健全发展，影响“工业品下行”末端配送的时效和品质。

（二）农村电商发展依托的基础设施建设滞后

农村地区发展电商的互联网、道路、物流等基础设施建设较为滞后，直接影响开展农村电商的信息和物流，也给电商扶贫带来了较大的制约。

1. 农村地区网络覆盖率低

由于农村及偏远地区经济基础相对薄弱、地理环境复杂、人口居住分散，互联网建设和运行维护成本高、收益低，存在一定程度的市场“失灵”，城乡网络发展严重不平衡，农村的宽带网络和4G网络覆盖率远不及城市相关覆盖率的一半。在丰都县调研的长江村农村淘宝服务站，宽带互联网虽已普及，但就在淘宝服务站里，手机的网络信号也只是2G，网速慢，浏览网页和购买商品受限制。同样，在距离县城较远的关塘村，在我们调研时宽带网络正在铺设。因此，网络不通畅、网速慢的现实制约了农村发展电子商务的速度，也对农村电商扶贫提出了挑战。

2. 农村道路交通建设不完善

农村交通运输设施是农村电子商务快速发展的助推器。长期以来，由于农村公路建设标准不完善、建设资金短缺、日常管理不到位等原因，虽然政府积极响应电子商务发展需要，推进“村村通”工程，但很多乡村道路不能经久耐用。

2015年年底，丰都县通村通畅率达到75%，较2010年增长50%，但交通基础设施仍然落后，由于建设资金短缺、维修养护不及时、群众爱路护路意识不强，农村交通建设和交通安全设施不完善，制约着发展农村电子商务、实现精准扶贫的步伐。

3. 物流配套服务设施落后

农村地区物流仓储基础设施不完善，农村中心集镇货物运输站场建设进度缓慢，基础设施依然短缺且设备简陋，冷链物流运输专用车辆所占比重偏小，而中小型货车所占比例偏大。不合理的运力结构造成资源浪费，运输效率低下，运输成本过高，农村地区邮政费用高、时间长，难以满足电子商务的需要。农村地区快递市场秩序比较混乱，存在垄断经营、人为划分市场等现象，物流企业对网络商户的收费较高，在承接业务时存在费用标准不统一、货物损失赔付对象和数额不明确、托运物品交货延迟以及旺季爆仓等问题，对农村网络商户的诚信造成了较大影响。

目前丰都县有20多家物流快递企业运营，以零散分布在县城及周边为主，全国各地来的快递大多数只能送到县城及部分乡镇，现有合作的邮政、京东和菜鸟物流虽然能够到达村，但是由于受到交通基础建设的限制他们也只是送到交通较便捷的村，而高山地区的物流基础设施建设落后，物流配送困难、成本增加。

同时，设在村一级的农村电商服务点受合作电商企业的约束，只能配送合作的电商企业的产品，且农产品上行也只能由该企业合作外销，从而通过物流限制农产品上行。

（三）农村电商流通中农产品标准及品牌打造有待提升

1. 农产品质量标准体系缺乏

长期以来，农产品质量标准分散在多部门和多系统，各行业标准体系之间既交叉重复，又有许多遗漏。在农村电商发展过程中，产品标准是阻碍农产品上行的最大障碍之一。而好的农产品也要对产后的加工、储藏、包装等环节进行改进，制定适应电子商务的农产品质量、分等分级、产品包装、业务规范等标准。

2. 农产品品牌塑造难度大

农产品上行所需要具备的资质获取周期长，获取价格昂贵、获取难度大，是农产品上行的主要困难。农产品要上行首先要有营业执照，然后需要有商标认证，包括TM标、R标。在申请过程中，还需要具备有机认证、商标认证、地理认证。商标认证需要一年的申请周期，有机认证需要三年左右的申请周期，每一年需要花费4万~5万元对土壤检测、环评以及溯源。由于打造农产品绿色品牌，有机等认证获取难度太大，普通个体农户很难获取认证，同时也没有相关企业整合农户资源，使大部分农户都无法打造农产品品牌。另外，由于农户电商意识差，缺乏电子商务人才的指导，使他们品牌意识匮乏，对于打造农产品品牌的欲望不强。

（四）农户依托农村电商进行创业就业的能力有待加强

1. 商品同质化问题突出

丰都县同区域中经营的特色农产品猕猴桃、红心柚、花椒等存在高相似度性，而同一地区的农村网商往往利用相同的当地特色资源，导致该地区商品同质化严重。同时，随着农村淘宝数量不断增加，直接加剧了淘宝村内部的竞争。造成网上运营成本提升，而同质化的产品对消费者的吸引力降低，众多农村电商创业者也面临利润缩水甚至破产的风险，对电商扶贫的推进产生不利的影响。

2. 农村淘宝专业化运营程度较低

目前丰都的农村淘宝服务社都是独立运营，阿里仅提供电脑、显示屏等办公物品。而对于农产品上行，农村淘宝的卖家需要自己从运营、营销各方面在平台市场上与大商家直接竞争，而阿里不给任何方面的支持资源。由此农村淘宝卖家运营技术上的先天不足导致无法有效竞争，且多数农村淘宝网商分散、单打独斗，发展动力不足，不利于农村电商的长远可持续健康发展。

3. 农村电商缺乏有效的资金供给渠道

扶贫工作的主要推手在于资金的支持，电商扶贫作为新生扶贫工程，更需要充足的资金支持，特别是财政支持。丰都县从政府政策支持的层面来看，在目前的扶贫体系中，电商扶贫的专项资金虽已投入，但在实际落实过程中，程序比较烦琐，而且额度有限，部分专项扶贫资金拨付不及时，使电子商务扶贫工作无法按计划顺利推进。同时存在扶贫资金使用效率低，针对农民群体的贷款政策不够完善，也形成了对电商扶贫工程进一步发展的制约。从社会融资的角度来看，现今已有的金融机构和民间电商平台无法涵盖到农村电子商务的所有需求面，地方政府与互联网融资机构的合作也不够深入，因此更加重了电子商务与精准扶贫相结合的难度。

4. 农村电商扶贫各参与主体间配合度不高

农村电商扶贫需要各级政府、企业、电商办、扶贫个体通力合作。县政府根据地区实际情况统筹农村电商扶贫工作，电商企业搭建平台和统一品牌包装，农业企业提供资金、技术和服务，扶贫个体以劳动、土地确权入股、现金入股或者土地流转等形式加入，从各个实施主体之间的信任度、行动透明度和协商一致的维度考虑，出于各个主体对自身利益的保护和不信任彼此的程度，导致农村电商扶贫实施中工作出现各个主体不配合的局面。在农村电商发展初期，政府充分利用各大电商企业“电商下乡”渠道下沉的时机，引导和推动他们在贫困村布局网点，但各电商企业的运营独立，农村电商企业的责任落实困难，建立协同的农村电子商务体系举步维艰。

（五）农村区域的电子商务专业人才较为短缺

农村电子商务扶贫面临的首要问题是人才的严重匮乏，特别是精通农村电商技术、运营等的复合人才更加缺乏。同时整个农村贫困区电子商务服务人员整体素质较低，再加上贫困村的农民文化水平普遍不高，这些因素直接制约电商扶贫的推进。社区和农村缺乏具有电子商务专业知识的独立运营管理网店的实用型人才。企业缺乏应用型人才，引进的电子商务人才流失比较严重。

丰都目前主要通过农村淘宝培养电商带头人，但目前最大问题是农村淘宝合伙人没有保障。农村淘宝合伙人与阿里不存在雇佣关系，需要靠自己能力去做农村电商。导致很多合伙人因为没有保障又不能养家糊口而放弃转行。同时，县域农村淘宝实行末位淘汰制，人员淘汰与流失已成普遍性问题，这使农村电商人才培养效率大打折扣。

（六）利用农村电商对贫困人群进行精准识别还需加强

据统计，丰都县贫困人口中，因学致贫占34.5%、因病占25.6%、因缺资金占11.6%、因缺技术占11.8%、因缺劳动力占5.7%、因残占4%、因灾占2%。电商扶贫归根结底在扶贫，总体要求是精准。丰都县贫困人口存在贫困原因类别多、情况复杂的特点、并不能全部由电商扶贫的方法来解决，因此，只有辨别出正确的扶贫对象，做到精准扶贫，才能对症下药解决实际问题。

六、丰都县农村电商精准扶贫的解决对策

（一）利用农村电商精准解决上下行流通发展不平衡

1. 拓展农产品上行的电商营销运营模式

农产品上行的电商营销运营模式除了B2B2C（企业+平台+消费者）的电商营销运营模式以外，还可以因地制宜地采用“农户+平台+消费者”“农产品基地+冷链物流+智能终端”“社区O2O”等各种不同的电商营销运营模式，根据农产品的特点和消费者特征，拓展农产品上行的电商营销渠道。

2. 开发设计特色农副产品线上交易平台

积极推动农产品生产、加工企业、种养大户、农民合作社、农民等组织和个人开展网上销售。借助现代“互联网+”技术，在京东商城、天猫商城、苏宁在线等知名农村电商应用实践网络平台上专门开发基于丰都县特色农副产品网络营销的线上交易平台、农村生活品购物平台和移动APP。通过在本地农产品网销平台和第三方知名电商平台上开设网店，推动农副土特产品销售。鼓励涉农企业和个体户利用电商平台实施农超农批对接，通过运用大数据、云计算等手段实现精准销售、精益生产，推动订单农产品发展，促进农村流通现代化水平的全面提升。

3. 改善工业品下行的可持续性发展

打破“农村淘宝”“京东帮服务站”等农村电商平台（企业）其运营的相对垄断性和排他性局面，鼓励本地传统商贸服务企业和生产加工企业“触网”，并予以扶持，促进农村电商发展的多元化。同时，可适当对农村电商创业主体予以一定的补助和不断加强培训，降低农村电商创业主体运营风险。鼓励农村电商自建物流配送服务体系发展共同配送，积极促进农村电商自建物流配送服务体系与农村第三方物流配送服务的协同发展，提升“工业品下行”末端配送的时效和品质。在实施工业品下行也包括农产品上行对各企业的投资行为或市场运作行为需要政府给予支持，配套资源，但资源投放对于地方政府而言需要具有一定的公平性和开放性，应当建立标准和规则，满足条件的市场主体都应当有权享受公共性资源同时承担并履行自身的义务和责任。需要强化公共服务的开放性和完整性。

（二）逐步改善农村电商基础发展环境

1. 提高农村网络覆盖率

落实“宽带中国”战略，从政策上支持农村地区的宽带网络建设和移动网络建设。根据丰都县因地制宜采用光纤、铜线、同轴电缆、4G、微波、卫星等多种技术手段加快宽带网络从乡镇向行政村、自然村延伸。在人口较为密集的农村地区，建设光纤等有线宽带线路。在人口较为稀少、分散的农村地区，灵活采用各类无线技术实现宽带网络覆盖，如建立高山基站等。积极推广适合农民需求的低成本智能终端，加强各类涉农信息资源的深度开发，完善农村信息化业务平台和服务中心，提高综合网络信息服务水平。

2. 完善农村交通基础设施

应进一步加大投资力度和政策支持农村交通基础设施建设，对通乡、办事处及主要乡镇联网公路升级改造，推进撤并村通畅及联网公路建设，使农村通村通畅率达到100%。号召村民自发投入“村村通”的交通基础设施改善中，解决一部分资金问题和劳动力问题。

加快城镇三级干线公路建设和农村四级支线公路建设，硬化村镇道路，提升公路适应能力，同时，在相应位置增加减速带、交通标志牌、广角镜、道路指示标志等道路标志，增强道路安全性。贯彻落实《丰都县农村公路管理养护办法》，加强群众爱路护路的意识，了解和支持公路管理工作。

3. 构建农村物流配送服务体系

围绕“农产品上行”痛点，打造特色农产品的标准化、规模化、品牌化，并通过“互联网+”电商模式，让各类经营和服务主体充分参与到种养、收购、包装、存储、运输、销售等产业链各环节。建设电商产品线下展示功能区，为线上产品线下体验提供实体店。建设电商物流功能区，为电商快递提供物流包装、分拣、中转、配送等设施。建设跨境电商功能区，为跨境电商提供海关与商检服务、保税商店（保税商品展厅）、保税物流等功能设施。引进专业投资商、运营商进行规划、建设与运营。

需要整合物流配送资源配置，建立县、镇、乡三级物流服务体系，建设县级物流公共服务中心，结合目前已建成的多个冷链物流系统、标准配送仓库设施，整合分散的农村电商物流服务点，形成以邮政、顺丰、“四通一达”等为基础的电商物流配送体系，打通农村电子商务“最后一公里”。依托长江黄金水道、渝利铁路、沿江高速“铁公水”对外联运大通道，建设区域性交通物流枢纽，形成通江达海贸易通道的主要节点。加强交通运输、商贸、农业、供销、邮政等农村物流基础设施共享衔接，推进县、乡、村三级农村物流配送网络建设，加快老旧公路客运站改造，推动有条件的村级客运场站信息化建设，提升电商小件快运服务能力。

（三）逐步建立农产品质量标准体系

1. 建立特色农产品供应监管体系

确定当地特色农产品，按照规模化种植、标准化生产、商品化销售的要求，加工适宜网络销售的优质产品。扶持农产品加工企业通过产业化经营，带动贫困户从事网货生产加工，建立完善的供应体系。制定特色农产品生产加工标准，指导企业、合作社和农户按标准种植、生产、加工、包装，从源头保证农产品供应质量；抓好流通环节质量监管，建立网销产品质量追溯体系，对流通环节进行监测，杜绝质量隐患。

2. 加强农产品品牌建设

第一，由丰都县政府牵头，由第三方教育机构组织电商人才培训，为丰都县输送电子商务专业人才，增强农户对电商的理解和对品牌的认识以提升农户通过电商打造品牌的积极性；第二，由丰都县政府牵头，整合零散农户资源，对零散农户进行分类规划，形成农户团体，规划好农户团体的特色农产品种植计划；第三，以电商专业人才为基础，建立资质认证帮扶协会，统一帮助农户团体进行农产品上行相关认证的获取；第四，联合知名第三方电商平台，与本地电子商务专业人才联合建立品牌推广机构，协助各个农户团体打造相应的农产品品牌。

（四）逐步健全农村电商配套服务体系

1. 发展农村电商产业链建设及其延伸

第一，积极建设具有辐射作用的县域电子商务商贸服务公共信息平台，健全电子商务服务网络。为贫困村网店开设和运营提供营销策划、在线支付、设计包装、人员培训、咨询服务、设备设施、代运营等专业服务，健全上下游服务链。为避免日益严重的同质化竞争，鼓励当地大中型企业拓展电商产业链，紧随市场调整质量和款式。随着销售规模的扩大，开始转变角色定位，从零售商转为分销商，从单纯的渠道商转为品牌商，从设计到原材料采购，寻找生产厂家代工，最后将货品分销给其他小型网商。建立以品牌商、批发商、零售商为主体的电商纵向产业链层级。第二，从梳理和整合本地优势产品资源入手，构建本地面向电子商务的产业服务体系，支持多平台销售，鼓励当地特色食品、农产品企业在各大电商平台建设县域特色馆，加快培育丰都县域农、特产品品牌，实现品牌化或电子商务化营销。第三，以省级电子商务示范基地和电商产业园、创业孵化园为政策载体，聚合电商发展要素，搭建创业就业平台为本地电商发展提供服务支撑，吸引贫困人口进驻园区，并为其创业提供必要的资金、技术、信息、办公等方面支持，带动更多的贫困人口实现就业脱困。

2. 发挥互联网金融在扶贫领域的应用

积极构建政府引导下的金融支撑体系。第一，加强与互联网金融机构合作，发展纯信用无抵押贷款，并以提供贴息的方式，加强对农村电商的信贷扶持。充分发挥阿里、京东等电子商务平台作用，为贫困人口开办网店和从事电商服务业等提供资金支持。依托它们的信用数据优势，开展互联网金融创新的探索，以解决“贷款难”“担保难”的问题。引导传统金融机构从加大信贷投入、创新信贷产品、完善基础设施、优化金融服务环境等方面进行创新，鼓励线下传统金融机构和电子商务平台企业携手合作，将前者的资金优势和后者的电子商务信用数据，优势互补，如通过降低信贷准入门槛、下放授信权限、减少审批环节、缩短贷款审批时间等措施，为贫困地区电商发展提供多元化的金融支持。第二，吸引社会资本进入，发起成立电商扶贫公益基金，统筹管理和整合使用财政投入、公益支持、社会帮扶等各类资金，重点对参与电子商务融资困难的贫困村、贫困户予以扶持。第三，积极推进各金融机构与丰都地方政府共建电子商务诚信体系的战略合作机制，构建网络诚信体系，营造诚信交易环境。

3. 规范化管理电商扶贫项目实施主体责任落实与监督

县政府根据地区实际情况统筹农村电商扶贫工作，加强组织领导和统筹协调，落实工作责任，完善工作机制，切实抓好各项政策措施的落实。对参与各电商扶贫项目实施主体建立严格的考核评价体系，重点考察项目可持续性投入、产出效益及帮助农户增收情况。加强网络市场监管，强化安全和质量要求，打击制售假冒伪劣商品、虚假宣传、不正当竞争和侵犯知识产权等违法行为，维护消费者合法权益，促进守法诚信经营。督促第三方平台加强内部管理，规范主体准入，遏制“刷信用”等欺诈行为。维护公平竞争的市场秩序，推进农村电子商务诚信建设。

（五）加强农村电商人才培训与实践

1. 建立健全人才培训体系

第一，建立多层次的农村电商培训机制，提高培训的针对性。针对培训对象及不同培训需求，制订有针对性的培训计划，开展不同层次培训。基础普及性培训：针对政府、企业、农民的基础普及性的公开、免费培训；电商创业者的专业培训；针对农村青年等电商创业需求提供公益性或者市场化的增值培训。电子商务职业经理人综合素质培训：对电子商务职业经理人实施互联网技术、经营销售、财政知识等培训；网商电商职业技能培训：对网商着重加强网店注册、商品推广、经营管理等培训。第二，打造强有力的农村电子商务人才培训师资队伍，提高培训的有效性。由学院派专家学者解读最新政策，由社会精英（相关部门专业人员）介绍营销技能技巧由实战派（网上创业成功者）介绍网上创业经历和体会等。第三，建立培训后勤保障体系，提高培训的实效性。要将培训与农村电子商务公共服务结合起来，为参训人员提供市场、资金等全链条综合服务，跟踪指导，确保效果。第四，加强校企合作。学校根据网商的需要，定制化、批量化培养电商所需要的人才。与学校开展深入合作，鼓励大学生到乡村创业，不定期地为创业者对接各大平台上的资源——自觉引进外部智力资源的行为进一步提升了农村电商大军的整体竞争力。与高、职业中专学校建立校企联合办学、合作培训、教育实习基地等长效机制。

2. 引进专业化人才

丰都政府和企业需要采取一定的激励政策和措施吸引外地高端电

商人才的入驻。通过引入专业人才和高端人才的方式，推动客服外包、美工设计、店铺装修、品牌设计等方面的服务，提升电商行业的水平。进一步利用人才租借、专家咨询等灵活方式，解决短期临时人才需求。完善人才引进政策，在子女就学、住房租房等多方面为引进人才提供更优惠条件。针对电子商务重在实战的特点，加大电子商务实用型人才的引进。做好人才交流工作，吸引优秀人才加盟电子商务事业。第一，大力引进电子商务领军人才和团队，鼓励丰都企业从国内外知名电子商务企业引进人才或团队。对新引进的电子商务人才或团队，经区电子商务人才工作协调小组组织评审认定，列入区级扶持计划的，给予不同等次的资助。带领企业赴电子商务专业院校和人才集聚地进行推介、招聘，当好企业和电子商务专业人才间的“红娘”。第二，大力吸引涉农领域电商人才。对在本区从事线上农产品销售、农村旅游、农村食宿运营等各类电商人才，给予每人一定的资助。第三，大力吸引大学生到电子商务行业就业。依靠区域周围高校的优势，政府可定期举办高校电商专业电子商务技能大赛，或者鼓励学生参观，学习电子商务应用。对于即将毕业的电商专业学生可以安排实习，对于表现优异、有潜力的学生可以签订就业协议。

3. 发掘潜在人才

通过青年电商创新创业大赛等活动，发掘一批年轻且富有创业激情的人才。加强引导，做好当地农村毕业大学生的职业导向。利用农村电子商务迅猛发展的有利时机，在中秋、春节等重要节日前后，通过广泛宣传、登门拜访、电话问询、专题活动等方式，吸引返乡农民工和大学生家乡创业就业。开展优秀评比，选出一批优秀供应商、服务商、电子商务服务站长等，进一步激发本地电子商务群体的内在动力。

4. 建立人才档案

全面掌握电子商务从业人员情况和企业电子商务人才需求情况，

分类管理，动态管理，推动完善人才引进和培养机制。建立电子商务人才和企业需求人才大数据库，并对数据进行整理、分类，通过云计算，实现电子商务人才库与企业需求人才数据的精准匹配，以此推动完善人才引进和培训机制。

（六）农村电商与贫困户精准对接

要做到精准扶贫，需要对电商扶贫对象进行筛选，从事电商活动需要具备基本的劳动力和劳动欲望，因此电商扶贫面向的对象应该具备以下一些基本素质：

（1）具备基本劳动力，并有劳动欲望的贫困人群；

（2）具备电商基础技术知识，或者愿意接受电商技术知识培训的贫困人群。

针对不同扶贫对象，应该采取不同的精准扶贫措施。对于只具备基本劳动力和劳动欲望的贫困人群，可以在农村合作社、养殖基地提供岗位，从事在农副产品种养殖。对于具备电商基础技术知识或者愿意接受电商技术知识培训的贫困人群，应该优先安排有条件的贫困户开设村级电商服务站点。同时，鼓励电子商务相关物流快递企业、网货供应企业、互联网企业安置贫困人口就业；支持电子商务智慧旅游平台为旅游风景区的贫困户提供便利条件，开设网上乡村旅游服务社、网上农家乐等，贫困户通过销售门票、提供地接服务、销售旅游产品等脱贫致富。

附录2　巫溪县农村电商精准扶贫调研报告

一、调研背景及调研目的

（一）调研背景

当前中国经济社会进入新常态，固有的绝对贫困人口脱贫工作依然严峻，在《国民经济和社会发展统计公报（2015年）》中显示，我国人均国民生产总值已达7800美元。但同时，我们必须深刻认识到的是，在我国“不同的区域和不同的社会群体中，无论是收入水平低引起的绝对贫穷还是收入差距过大导致的相对贫困是明显的。与此同时，国民经济运行正处在全面贯彻落实“四个全面”战略布局之中。我国要顺利完成2020年全面建成小康社会的战略目标，就需要将贫困问题、贫困人口减少问题，提到新的战略高度上来。2014年统计显示，我国广大农村地区贫困人口达8200万之多，扶贫压力和责任依然较重。从扶贫机制上来说，我国扶贫实施存在识别不准确，扶贫质量低，扶贫针对性差的不足。由此，带来的是扶贫工作的实际效果大打折扣，扶贫资源的较大浪费，扶贫效应的持续性低。难以有效地做到扶贫标本兼治并有效克服腐败问题滋生等问题。2015年，李克强总理在《政府工作报告》中强调，“要优化整合扶贫资源，实行精准扶贫，引导社会力量参与扶贫事业。”习近平主席明确提出了2016年的国民经济与社会发展的五大重要任务，其中重点提到要“坚持精准扶贫、精准脱贫，瞄准建档立卡贫困人口，加大资金、政策、工作等投入力度，提高扶贫质量。”因此，在全国贫困地区以及贫困人口中开展“精准扶贫”成为当前我国扶贫工作和农村工作的重要构成部分。

2015 年，全国电子商务进农村示范县名单公布，巫溪成为重庆首批电子商务农村示范县，同时在以国家“互联网 +”行动计划为指导，在精准扶贫相结合方针的指导下，该县也结合生态涵养发展区的定位，大力发展农村电商和生态农业，在三峡库区各区县中电商产业发展水平排在前列且颇具代表性。巫溪县发展农村电商的主要思路是通过电商的牵引效应带动当地经济发展从而帮扶贫困地区脱贫，通过建立农村电商网络平台，将本地的特色农副产品销售出去。在巫溪县委县政府的带动和支持下，当地农村电商发展已初具规模。巫溪县于 2015 年 6 月正式启动“网上村庄”扶贫电商村建设，目前，古路镇观峰村、文峰镇长沙村、通城镇龙池村和中梁乡双河村 4 个服务站点硬件设施设备已基本健全，正式投入运营。巫溪县更是加大了对电商产业的投入和倾斜，将 2016 年定为全县电子商务项目建设年。通过探索生态产品全产业链“社群 + 网”模式，已在城厢、大河、古路、朝阳、乌龙、长桂 6 个乡镇试点实施，计划可扶贫 1000 户。同时通过整合全县 10 家快递公司，实现同县配送。

然而，受巫溪县当地自然条件和经济发展水平的制约，电商产品数量不足，质量参差不齐，缺乏标准化、品牌化，从事电商的人才短缺，电商规划项目建设单位建设进度偏慢等突出问题使农村电商的发展受到严重阻碍。

（二）调研目的

通过对巫溪进行调研，了解巫溪县扶贫工作开展情况、农村电子商务发展现状、电子商务人才现状以及当地特色农产品生产流通概况等信息，收集并分析巫溪县农村电子商务扶贫的主要模式和特点、农村电子商务精准扶贫中的问题，为研究和探讨三峡库区农村电子商务精准扶贫模式的选择机制和实现路径提供支撑。

同时，根据调研中的具体问题和需求，可以为巫溪构建物流配送体系提供科学的参考依据，为农村电商扶贫开发培养和输出需要的人才，对农村电子商务应用与服务的专门人才进行全方位的培训等。

二、调研时间及调研对象

（一）调研时间

2016 年 8 月 2 日至 2016 年 8 月 5 日。

（二）调研对象

巫溪县商务局、扶贫办等农村电商及其扶贫相关工作人员、电商企业（巫溪网）、农村电商典型示范点巫溪县蔬菜专业村（李子园、龙池村、大河乡）、当地有代表性的农家乐。

（三）调研准备

在调研前，首先通过查阅文献了解三峡库区各个区县经济、政策、农村电商发展的现状等，从中筛选出重点调研对象。确定巫溪县重点调研的地区，走访的乡镇。确定调研走访的主要内容。准备好常用的调研工具，如录音笔、相机、笔记本等。

三、调研内容

（一）巫溪县基本情况

巫溪县位于长江上游地区、重庆东北部，处大巴山东段南麓，渝陕鄂三省交界，邻湖北，南依长江，北傍陕西，西通渝州。全县土地面积4030平方公里，辖30个乡镇，2个街道，总人口54万，其中农业人口41万。是国务院确定的限制开发区、水资源涵养区和人口减载区，被列入国家主体功能区建设试点示范县。是重庆市委、市政府确定的生态涵养发展区。

巫溪县为全国绿化模范县，绿色产品种类众多。全县“三品一标”认证数累计达104个。其中巫溪洋鱼（裂腹鱼）、巫溪洋芋（马铃薯）获农产品地理标志登记保护，大宁河鸡等5个品种获得农产品地理商标注册。马铃薯、玉米、茶叶等4个产业获得重庆市无公害农产品产地县整体推进认证。获得过“绿色中药出口基地”“全国魔芋种植重点基地县”“中国绿色生态马铃薯之乡”“2011中国改革年度县”等荣誉称号。

1. 巫溪县社会经济发展总体概况

“十二五”时期是巫溪县经济社会发展步伐最快、城乡面貌变化最大的五年，综合实力明显增强。据《巫溪县2016年政府工作报告》显示，巫溪县在2015年实现地区生产总值达到73.4亿元，是2010年地区GDP的1.95倍，接近翻一番。一般公共预算收入6.75亿元，是“十一五”末的1.86倍，年均增长15.4%；2015年社会消费品零售总额达到25.09亿元，是“十一五”末的1.86倍，年均增长15.4%。

表附录 2.1 巫溪县“十二五”时期 GDP 及增长速度 单位：亿元

年份	2011	2012	2013	2014	2015
地区生产总值	47.3	53.1	60.2	66.7	73.4
同比增长	25.8%	12.3%	13.4%	10.8%	10.0%
全年社会消费品零售总额	16.1	18.7	21.8	24.6	25.1
同比增长	19.0%	16.6%	16.1%	13.3%	1.8%

资料来源：巫溪县政府工作报告。

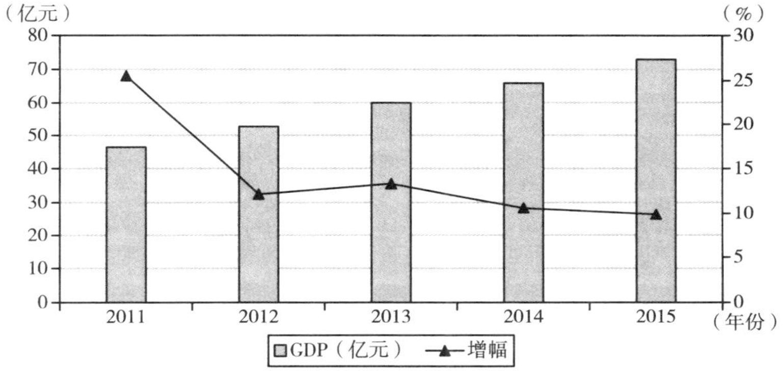

图附录 2.1 巫溪县“十二五”时期 GDP 及其增长速度

近三年，巫溪县地区生产总值保持在 11% 左右的增速，经济增长速度比较稳定，总体而言，经济发展稳定性、协调性、可持续性显著增强，综合经济实力迈上新台阶。

在“十二五”期间，巫溪县三大产业显著增长。其中，第一产业占比最小，其次是第二产业，第三产业占比最高。巫溪县产业结构加快调整，发展基础不断夯实，以特色农业、绿色工业、生态旅游为代表的三次产业协调发展，三次产业结构调整为 20.4∶38.3∶41.3，非农产业增加值比重较 2010 年增加 2.9 个百分点，可见，第三产业的发展对于巫溪是非常重要的，因此，巫溪在兼顾第一产业和第二产业发展的同时，正在大力发展第三产业，带动整体经济迅速发展。

表附录 2.2　　　　巫溪县三次产业增加值

	2011 年		2015 年	
	绝对量（亿元）	同比增长	绝对量（亿元）	同比增长
第一产业	10.9	24.4%	15	9.8%
第二产业	17.18	30.7%	28.08	8.6%
第三产业	19.21	22.4%	30.32	11.5%

资料来源：巫溪县政府工作报告。

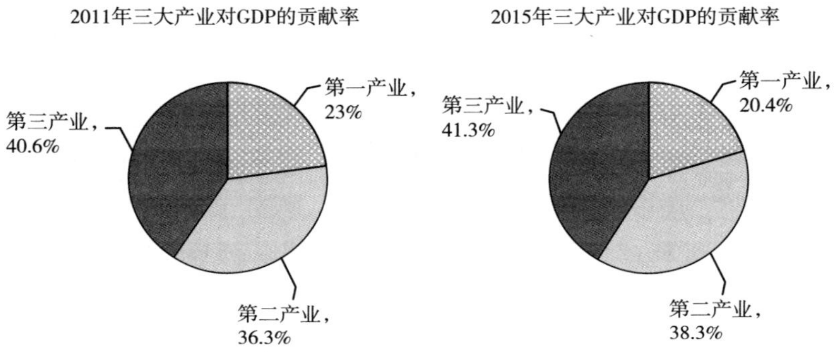

图附录 2.2　2011 年和 2015 年巫溪县三大产业对 GDP 的贡献率

从 2011 年和 2015 年巫溪县第一、第二、第三产业对 GDP 贡献率对比可以得到，第二产业对经济增长的贡献率增加 2 个百分点，第三产业对经济增长的贡献率增加了 0.7 个百分点，第一产业的贡献率有所下降，产业比的调整与巫溪县国民经济和社会发展规划紧密相关。其中，第三产业对经济增长的贡献率最大。

巫溪县居民人均收入如表附录 2.3 所示。巫溪县统筹推进新型城镇化和新农村建设，推动城乡共发展共繁荣，实现 2015 年城乡常住居民人均可支配收入分别达到 19687 元和 7121 元，分别是“十一五”末的 1.72 倍、1.95 倍，年均增长 11.39%、11.93%。可以看出农村居民的消费潜力依然很大。

表附录 2.3　巫溪县“十二五”时期人均可支配收入　单位：元

年度＼数据	城镇居民可支配收入	增幅	农民人均可支配收入	增幅
2011	13236	15.3%	4526	24.1%
2012	15023	13.5%	5165	14.1%
2013	16375	9.0%	5826	12.8%
2014	18111	10.6%	6392	12.7%
2015	19687	8.7%	7121	11.4%

资料来源：巫溪县政府工作报告。

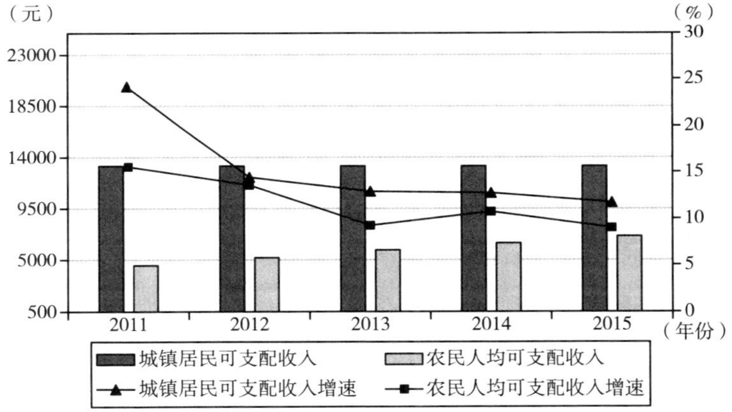

图附录 2.3　巫溪县“十二五”时期人均可支配收入

近五年来，巫溪县城镇居民可支配收入和农民人均可支配收入虽每年都有所增长，但从 2012 年起，城乡常住居民人均可支配收入每年增幅有所下降，近四年来，城乡常住居民人均可支配收入增长较缓慢，其中，农民人均可支配收入增幅稍高于城镇居民可支配收入，城乡常住居民人均可支配收入差距仍较大，但城乡收入差距呈逐渐缩小趋势。

2. 巫溪县农产品流通发展概况

（1）交通物流概况。

“十二五”期间，巫溪县加大了对交通基础设施建设的资金投入，交通对经济社会发展的助推作用进一步凸显，成为支撑巫溪经济平稳快速增长的重要推动力。到 2015 年年底，全县交通累计完成建设投资 16 亿元，为“十一五”时期的 1.6 倍。

巫溪县农村公路总里程 4464 公里，其中县道 102 公里、占比 2%，乡道 449 公里、占比 9%，村道 3912 公里、占比 89%。巫溪农村公路中四级及以上公路 4387 公里，占比 98%，等外级公路 77.2 公里。巫溪县农村公路建设资金需求约 31.6 亿元，可利用上级补助资金 17.3 亿元。按照巫溪县实际需求，农村公路建设资金缺口很大，市交委建议市财政预算内每年支持农村公路建设资金，重点用于交通部车购税补助范围外的重要县乡道改造和农村联网公路改造，有力支撑和补充了对外运输通道。

表附录 2.4　巫溪县公路总体情况“十二五”首末情况对比

类别	公路技术指标		技术指标值	
			2011 年	2015 年
公路规模	公路总里程（公里）		3590	5135
	公路密度（公里/百平方公里）		89	127
	公路密度（公里/万人）		87	95
公路等级	高速	里程（公里）	0	23.5
	一级	里程（公里）	0	0
	二级	里程（公里）	199	199
	三级	里程（公里）	143.5	145
	四级	里程（公里）	2914	3912
	等外	里程（公里）	333	77

资料来源：巫溪县交通委员会。

“十二五”期间，巫溪县积极推进航运结构调整，大宁河航道等级、通航里程和港口码头建设等指标呈现稳步上升的趋势，“一河四库”水运体系逐步建立。大宁河巫溪至巫山航道通航里程 74 公里，巫溪县辖区内航道总里程达到 24 公里。其中，上游西溪河、东溪河因航道现不通航；中游巫溪至大昌为等外级航道，花台至大昌段航道库区蓄水至 175 米时，可达到内河 3 级航道条件，具备一定运量的通航能力；大昌镇至巫山县河口为下游，由于三峡水库蓄水，已成为内河 3 级航道，千吨级船舶可常年直达长江。

表附录 2.5　　“十二五”港口码头指标现状

作业区	建成码头名称	主要用途	泊位个数（个）	年通过能力	
				万人次	万吨
老城	县城客运码头	客运	2	8.33	
花台	孝子溪货运码头	货运	2		50
花台	渝溪货运码头	货运	2		50
花台	双升物流码头	货运	2		50
合计			8	8.33	150

资料来源：巫溪县交通委员会。

（2）巫溪县农产品供给概况。

巫溪县农业产品种类多。2015 年全县农林牧渔业实现增加值 15.26 亿元，农林牧渔业总产值达 23.9 亿元，种植业实现产值 10.93 亿元，林业实现产值 2.6 亿元，畜牧业实现产值 9.8 亿元，渔业实现产值 1845 万元，农林牧渔服务业实现产值 3538 万元，粮食作物播种面积 95 万亩，全年粮食总产 23.37 万吨，其中，小麦 1900 吨，玉米 8.5 万吨，水稻产量 1.7 万吨，大豆产量 6183 吨，马铃薯产量 7.5 万吨，蔬菜产量 21.62 万吨。

表附录 2.6　　部分农产品供给概况

年份	粮食作物面积（公顷）	粮食作物产量（万吨）	烤烟面积（公顷）	烤烟产量（吨）
2011	61928	20.77	3640	6843
2012	62442.8	20.10	2933.33	5514
2013	62673.4	20.94	3120.53	5779
2014	62720.7	22.05	2782.13	5007
2015	63393.7	23.37	2692.6	4867

资料来源：巫溪县政府工作报告。

马铃薯、红薯、玉米并称巫溪传统农业的“三朵金花”，其中，全县常年种植马铃薯，面积达54万亩，是重庆市无公害马铃薯产地县，成为长江中上游地区最大的脱毒马铃薯基地；巫溪县也很注重水产业发展，全县渔业养殖（含大水面生态养殖区域）面积达1.53余万亩，养殖品种既有大鲵、裂腹鱼、鲟鱼、虹鳟等珍稀名优鱼类，也有鲤鱼、草鱼等常规品种；畜禽产业成功探索“小规模、大集群、标准化”模式，全年出栏山羊60万只，建成山羊种羊场15个，启动山羊养殖小区15个，发展山羊养殖大户675户，成为全市草食牲畜重点县；中药材产业已经形成比较完整的产业链条，中药材在地面积发展至15万亩以上，较2013年增长15%，其中种源基地5万余亩，商品示范基地3.02万亩，大宁党参和太白贝母种分别达到15962亩、621亩。

（3）巫溪县农产品流通体系。

农产品流通体系构架从整个农产品流通的角度，包括生产、加工、运输、销售、消费，来研究农户与农产品流通中介组织、农产品流通中介组织与市场、市场与消费需求之间的关系，是农产品物流、信息流和流通服务的统一体。

县级龙头企业总数达68家；新增注册农民专业合作社77个，其中股份制专业合作社18个，农民合作社累计注册数达501个，共4.54万农户参加合作社，带动农户2.42万户，农民参合率达37.28%，比上年末提高7.48个百分点。

巫溪县农产品流通市场目前的主要流通主体为农户、农民合作社、农产品加工企业以及经销商，形成以农贸市场和批发市场为主要载体的格局。在互联网和电子商务平台的推广下，电商企业（如淘宝、京东、巫溪网等）也成为农产品流通的载体。

巫溪县现有的农产品流通模式除了传统的“农户+消费者”这种自产自销的流通模式之外，主要有“农户+收购小贩+批发商+零售终端”“农户+龙头企业+批发商+零售终端”“农户+农村合作社+龙头企业+（批发商）+零售终端”以及“农户（农村合作社）+零售终端（超市）”等。此外，巫溪县结合地区特点，探索出“农户+企业+电商平台+消费者”模式。

“农户+收购小贩+批发商+零售终端”：该种模式的特点是由于渠道单一，容易造成农民对小贩的极其依赖。这种模式虽简单，但不稳定，交易关系无法长期维持，农民自身利益也由于这些长链流通渠道而受到挤压。

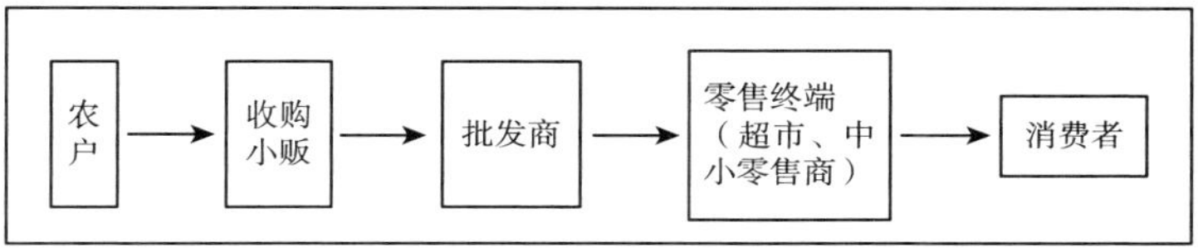

图附录2.4　“农户+收购小贩+批发商+零售终端”流通模式

“农民+龙头企业+批发商+零售终端”：农民采取与龙头企业合作的方式，根据双方签署的合同，农户根据合同相应要求来进行农产品种类和数量的种植，而龙头企业只需要定时收购、深加工及销售，又称为“订单农业”。这种农产品流通模式在一定程度上保证了农户的利益，但其维护纽带只有合同，容易发生毁约的情况；农民在企业面前属于弱势群体，没有话语权，而企业却可以随意选择适合企业利益的农民的农产品。

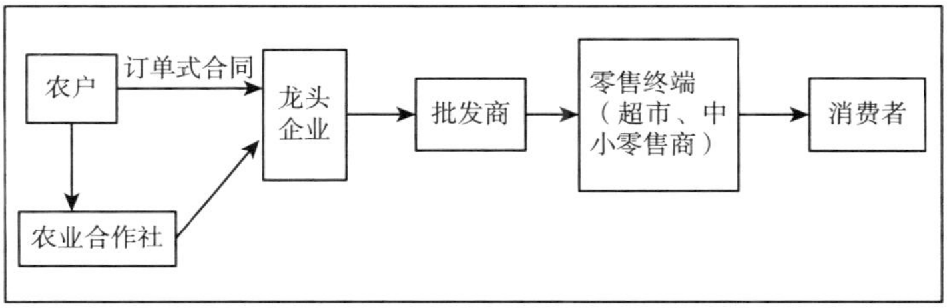

图附录2.5　“农民+（农业合作社）+龙头企业+批发商+零售终端”模式

“农民+农业合作社+龙头企业+（批发商）+零售终端”：该模式加入了农业合作社环节，属于针对第二种模式的一种改良模式。

农业合作社的主要职责，是按照企业需求农民进行农产品计划生产，并对生产过程进行技术、资金的支持，在农产品达到收购要求时与企业一起进行验收。虽然这种农产品流通模式值得肯定，但是这种农业合作社在现在我国还不够成熟，存在很多漏洞，合适人员选择上也存在着问题。

“农民（农业合作社）+零售终端（超市）”：该模式又称“农超对接模式”，以超市为代表零售终端与代表农户的农民合作社没有任何其他中间环节，两者以直供和直采的形式对接农产品。该种模式只由生产方和销售终端两者组成，中间环节被省略，最大限度地缩短了供应链的长度，可降低流通成本，从而使农民和销售端的利益最大化。

“农户+企业+电商平台+消费者”模式：该种模式特点是运用了电商平台，现已经在淘宝、天猫、京东等电商平台开设巫溪特色馆。农户可将农产品直接卖给巫溪网、巫溪易购商城等现有电子商务平台，或者农户将产品卖给企业，企业再将产品通过适当的加工、处理等，然后通过电商平台再销售给消费者。这种新模式不但得到政府的大力支持，适应了市场多样化的需求，还有利于减少过多的中间环节而且节约了成本，同时也在一定程度上节约了时间，有利于促进农产品的销售，提高消费者的满意度，从而获得更多的利润。

图附录 2.6　重庆特色农产品促销平台——巫溪县

前面四种模式属于传统流通模式，第五种是通过电商平台的模式是创新模式，巫溪县正着力抓好农产品现代流通体系建设，创新农产品流通模式，鼓励致恒科技、联嘉商贸、丰谷农资、汇域农产品等企业发展农产品电子商务，通过发展农村电子商务拓宽农产品销售渠道。

（4）巫溪县农产品流通环境。

为了保障农产品流通有个良好的环境，巫溪县农村电商工作逐步推进中，电商三级服务体系已经初步建成，现已完成170个电商服务站点建设，巫溪县重点对“电子商务进农村”进行建设，着力完善城市配套功能，降低“最后一公里”物流成本。

依托邮政公司在墨斗城亿联商贸城建设电商物流园，其中电商办公中心2000平方米，农特产品展销中心500平方米，快递收发中心6500平方米，电商服务中心（网店示范店，质量检测中心）1000平方米，解决巫溪所有进出口物流的分发处理和物流配送，同时为电商网点提供仓储等功能。

巫溪县将与邮政等物流达成战略合作协议，建立完善县、乡、村三级物流配送体系，解决县到乡镇、到村的配送问题，提高巫溪县物流配送能力；健全农村共同配送网络，依托巫溪农村电子商务公共服务平台内综合物流信息服务模块，整合共享区域内配送资源，优化配送公共信息服务，承接快递、供销社等电商公司订单。

（二）巫溪县农村电子商务发展

1. 巫溪县农村电子商务整体发展情况

巫溪农村电商发展以电商上行为主，即借助互联网把当地的农特产品等进行销售推广。以巫溪微商城为核心，渝中巫溪电商产业园为平台，为电商企业提供线上宣传、产品销售、产品包装策划、数据流量分析等服务。截至2016年6月，全县共有网店610家，电子商务市场主体621个，全县电子商务交易额8.2亿元，网络零售额2.5亿元，依托乡镇已建超市、农家店、村级服务中心、邮政所等合作建设电子商务服务站（点）170个。全县上行件34.69万件，下行件112.45万件。巫溪县现已基本形成电子商务应用广泛、保障体系健全、配套服务完善、产业发展集聚的农村电子商务新格局，被国家商务部、财政部确定为全国电子商务进农村综合示范县。

表附录2.7　　2016年上半年电子商务发展情况

规模指标					成长指标			
电子商务市场经营主体数量（个）		电子商务交易额（亿元）		网络零售额（亿元）	电子商务市场经营主体数量较2015年同比增长（%）	电子商务交易较2015年同比增长（%）	网络零售额较2015年同比增长率（%）	网络零售额占社会消费品零售总额比重（%）
平台企业	企业网店	个人网店	8.2	2.5				
11	35	75	—	—	30	30	35	20

注：截至2016年6月30日数据。

2. 巫溪农村电子商务发展的模式

巫溪县依托良好的生态环境，打造生态产品会员制订单农业，形成从生产端到销售端之间的供应链体系，探索出农村生态食品进社区的“社群+网”模式，实现互联网与传统产业融合，着力推动农产品上行。

巫溪县已启动会员制订单农业计划，按订单计划喂养粮食猪、土鸡等，喂养全程监控监督，保证粮食肉禽原生态。巫溪县荣财公司开始发展粮食猪、土鸡喂养推广工程项目，消费者通过公司平台下单定制，公司组织农户分户散养的方式，形成仔猪（鸡仔）选定、喂养过程监管、回收检测、销售及售后服务一条龙服务。

（1）实行产品标准四个统一。一是品种统一，选用瘦肉含量高

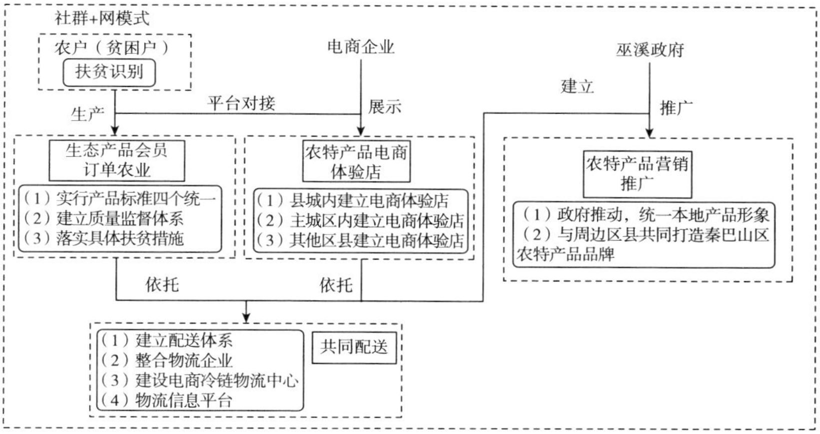

图附录 2.7　社群 + 网模式

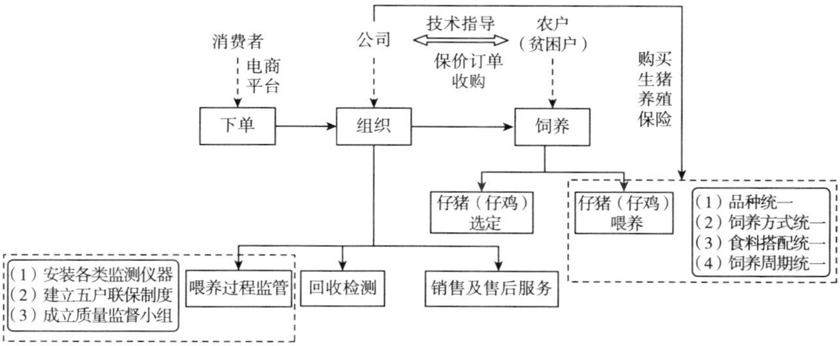

图附录 2.8　生态产品会员制订单农业

的土猪品种和脂肪含量低、蛋白质丰富的土鸡品种；二是饲养方式统一，主要采用传统的分户散养的方式，每户养殖粮食猪 2～4 头，土鸡 10～30 只；三是食料搭配统一，采用传统纯粮食和青饲料喂养，禁止使用饲料；四是饲养周期统一，粮食猪喂养 10 个月，土鸡喂养 8 个月，开始喂养之日由专业合作社派专人做好身份识别标记。

（2）建立质量监督体系。一是通过安装在养殖现场的各类监测视频，对养殖全过程在互联网上进行实时在线监测展示，并将信号进行连续自动上传到客户手机终端，接受客户监督、感受和体验，保证粮食肉禽原生态，让消费者真正享受到绿色、生态、健康的天然食品；二是建立五户联保制度，5 户自愿组合建立诚信小组，形成诚信共同体，组员之间、组之间有互相监督的义务，公司与专业合作社达成诚信养殖协议，小组中 1 户违反养殖规定，则专业合作社取消整个小组产品的收购，专业合作社中 2 小组违反养殖规定，公司取消整个专业合作社产品的保价收购；三是成立质量监督小组，村委会、企业、专业合作社共同组成质量监督小组，负责日常监督。

3. 巫溪农村电商发展的政策

（1）税收优惠政策。

经认定的电子商务企业，符合国家西部大开发税收优惠政策规定的，在国家规定的优惠期内减按 15% 的税率征收企业所得税。经认定的电子商务企业，代委托人办理受托事项并取得收入的业务，按“服务业—代理业”税目征收营业税，计税营业额为电子商务企业向委托方实际收取的报酬，符合条件的电子商务企业可按差额方式确定计税营业额。

（2）财政扶持政策。

①财政直接补助：原则上单个项目支持比例最高不超过项目总投资额的 30%，对于盈利能力弱、公益性强的项目，可适当提高支持比例，但最高不超过项目总投资额的 50%。

②贷款贴息：根据项目贷款额度，按不高于人民银行公布的同期贷款法定基准利率的 50% 确定贴息率，实际贷款利率如低于法定基准利率，则按实际贷款利率计算，单个项目的贴息期限最高不超过 3 年。

③单个项目获得电子商务专项资金支持总额原则上不超过 500 万元。

④支持建设农村电子商务运营服务体系的扶持资金总额，原则上

不得超过电子商务专项资金总额的50%；支持建设县、乡（镇）、村三级物流配送体系的扶持资金总额，原则上不得超过电子商务专项资金总额的40%；开展农村电子商务培训工作的补助资金总额，原则上不得超过电子商务专项资金总额的20%；支持为发展农村电子商务而开展的农产品和农村特色产品的品牌培育和质量保障体系建设扶持资金总额，原则上不得超过电子商务专项资金总额的20%。

（3）金融保障政策。

对通过对外兼并重组和上市融资引进外资的电子商务企业，可其实际引进外资的3‰~5‰给予企业经营团队一次性奖励。实际引进外资低于1000万（含1000万）美元的可按5‰给予奖励；实际引进外资超过1000万美元的可对超过部分按3‰给予奖励。

4. 巫溪农村电商发展举措

（1）建立县、乡（镇）、村三级电子商务公共服务体系。

建设巫溪县电子商务公共服务中心。公共服务中心作为巫溪电子商务公共服务实体，将投入场地、设备、资金、人员等，挖掘特色优势产品，建设线上线下特色产品馆，销售本地产品，开展网销商品的集采统储、互采互销、加工分拣、统配统送、售后服务等，提供系统性全面电商服务。扎根于农村，服务于巫溪政府、企业及个人，助力传统企业转型升级，打造巫溪企业电子商务孵化器。通过企业自建、政府支持的方式进行建设1个县域电子商务公共服务中心。整合现有资源进行电子商务服务中心建设改造，依托已建乡镇超市（直营店）、邮政所、供销社及村（社区）便民服务中心等合作建设乡镇、村电商服务站（点），完善充实功能，使其具备网络销售购物、代购代销、网订店取（送）、信息采集、缴费支付、创业等生活服务。

（2）建设巫溪县电子商务公共服务平台。

以巫溪电子商务公共服务中心为依托，对现有的信息化平台进行改造，建设巫溪电子商务公共服务平台，打造巫溪电子商务门户网站，集政务、商务、服务于一体；组织整合巫溪农产品资源，建设农产品、乡村旅游垂直销售平台，利用集群效应，统一流量入口，降低宣传推广、产品包装、技术服务的应用费用，节省企业对电子商务程序重复投资建设的成本；从交易、培训、统计、政策、品牌、招商创业、便民服务等多方面建立信息通道，为政府、企业、个人提供电子商务全方位在线服务内容。

（3）搭建电商产业园。

巫溪县重点打造渝中巫溪电商产业园，推进对口帮扶协作改革试点，加强与渝中区等地的战略合作，依托“巫溪网”实现“百网联盟”，打造引领渝东北自媒体的大数据平台。巫溪电商产业园区经营面积 1.18 万平方米，第一期总投资 1500 万元，现已入驻企业 111 家，线上线下日平均交易额达 265 万元，年产值 10 亿元。借助优秀的平台资源以及良好的政策支持，巫溪电商产业园目前已成功打造出多个特色品牌如“巫溪烤鱼”“香普堂”“车管家”等，着力孵化文化产业、健康休闲产业、旅游电商、农特产品、本地电商企业、跨境电商、本地团购 O2O 及农村电商、行业服务等 8 大版块，实现“三促进、三解决”，即：促进智慧巫溪落地、促进三次产业跨界联合、促进电商就业，解决配送“最后一公里”、解决收购特色产品“最初一公里”、解决本地特色产品“进城”问题。

（4）打造良好农村电子商务发展环境。

巫溪县建立有利于电子商务发展的财政、金融、土地、收费等政策体。政府最大限度减少对电子商务市场的行政干预，法无禁止的市场主体即可为，法未授权的政府部门不能为。鼓励支持县内工、商、农、旅等领域规模以上企业开展电子商务，支持中小微企业应用电子商务、拓展业务领域，促进企业改造升级，增强实体产业发展活力和市场竞争力。建立全县级电子商务行业统计制度，以精准掌握行业情况；组织编制《巫溪县农村电子商务发展规划》，确保农村电商持续良好发展；建设电商企业诚信平台，开展电商企业信用评级工作，增强客户对电商企业的认可度；进一步简化注册资本登记，放宽电子商务市场主体住所登记条件，完善相关管理措施。调整优化各领域资金支持结构，向电子商务领域予以倾斜。

（5）完善物流配送服务。

巫溪县加强了仓储设施和冷链物流建设，建立本地农产品中转冷链物流体系。建成2200立方米的展信果蔬大型保鲜贮藏库，在前进桥农产品批发市场设果蔬销售中心，负责全县70%的果蔬配送。并且依托邮政公司在墨斗城亿联商贸城建设电商物流园，其中电商办公中心2000平方米，农特产品展销中心500平方米，快递收发中心6500平方米，电商服务中心（网店示范店，质量检测中心）1000平方米，解决巫溪所有进出口物流的分发处理和物流配送，同时为电商网点提供仓储等功能。依托万村千乡市场工程日用品龙头企业联嘉商贸公司及本地第三方物流车管家汽车服务有限公司，建设乡镇、村物流中转站点，通过自建或与社区便利店、物业公司、小区住宅底楼居民合作等方式解决物流最后一公里问题。

（6）搭建区域O2O电子商务平台。

在县域零售商和消费者之间建立区域O2O电子商务平台。利用信息化和电子商务手段整合线上线下资源，针对当地实体商贸流通企业，在不增加实体门店成本的前提下扩大产品品类和用户群体，增加服务内容，增强客户黏性，并在网上购物的基础上延伸旅游餐饮、本地生活、家政、维修、缴费等便民服务。同时，搭建O2O电子商务平台实现网订店取、网订店送的模式以弥补淘宝、京东等第三方平台在县域市场的不足，并有效解决城市电商市场中层出不穷的诚信、退换货等问题。

（7）加强网络技术支撑。

巫溪县注重信息化建设，部门、乡镇联盟共享共提数据。加快通信网络设施建设，实现“光纤到户”和“4G网络”城、镇、村全覆盖，逐步提高重点公共场所无线WIFI覆盖率，提升网络服务质量。

依托现有移动、联通、电信等网络运营商数据枢纽，培育一批专业化电子商务服务企业，为中小电子商务企业提供平台开发、信息处理、数据托管、应用系统和软件运营等外包服务。

(8) 注重宣传和人才培训。

巫溪县大力培训电商专业人才，通过对各村（社区）第一书记、园区入驻企业、农村电商服务站等进行农村电商等方面培训，全面改善巫溪互联网人才匮乏的瓶颈。确定全县330个村（社区）电商工作联络员（其中，150个贫困村第一书记，180个大学生驻村村官），负责指导本村（社区）农产品收购、网络代销及培训当地群众使用互联网从事电子商务活动；并且成立电商培训基地，聘请淘宝大学讲师授课、数据仓库分析师等对县内从事电子商务活动的人员进行定期授课，目前共培训电商人才4800余人次。

图附录2.9　渝中·巫溪互联网及电子商务产业园培训会

(三) 巫溪县扶贫基本情况

1. 巫溪县扶贫现状

巫溪县是国家级贫困县，扶贫任务十分艰巨繁重。该县积极响应各项脱贫攻坚决策部署，坚持把贫困村与贫困户作为主攻对象，紧紧围绕2017年全面摘帽、销号、越线的目标，扎实有效推进工作。配套制定基础建设、产业发展、教育提升、搬迁安置、医疗救助、金融服务等11个子方案实施“1+1+11”政策体系，组建县级帮扶集团30个、驻村工作队150个，实现22个贫困村、2.6万贫困人口顺利销号越线，累计投入11.6亿元，减少贫困人口13.1万人，完成高山生态扶贫搬迁5.7万人。完成新一轮贫困村、贫困人口评定登记、建档立卡，新确定贫困村150个、贫困人口8.6万人。

2. 扶贫具体举措

（1）组建扶贫攻贫小组。县上成立以县委书记任组长的扶贫攻坚领导小组，并抽调14名干部组建县攻坚办，实行集中办公，专项负责脱贫攻坚工作指导和督促。各乡镇（街道）均成立以党委书记任组长的领导小组，并成立乡镇扶贫办，配齐专兼职扶贫干部，强化工作力量和保障。同时，细化明确三年阶段性目标任务，县、乡、村层层签订责任书，立下“军令状”，实行最严格的“限期脱贫”责任制，层层传导责任和压力。

（2）规划编制实现脱贫的实施意见。组建专门团队，在广泛深入调研的基础上，制定了县委、县政府《关于实施精准扶贫精准脱贫确保如期实现脱贫摘帽的实施意见》，同时，配套制定基础建设、产业发展、教育提升、搬迁安置、医疗救助、金融服务等11个子方案，形成“1+1+11”脱贫攻坚政策支撑体系。

（3）出台“普惠”“特惠”政策。积极对接上级政策，配套出台财政扶持、低保兜底、教育资助、医疗保障等11类到村到户“普惠”政策，同时结合巫溪实际出台兜底搬迁、有土安置、大病救助、小额信贷、股权量化、资产收益等“特惠”政策。2015全年完成C、D级危房改造1417户，建成21座“集体光伏”和400座“户用光伏”；实施生态移民搬迁1.2万人；落实各类在校学生资助2066万元，惠及学生3.1万余人次；开展农村实用技术、转移就业培训等

1.3 万人次；发放“农户诚信贷款”、“扶贫专项小额信贷”、“光伏发电扶贫贷款”资金 1.82 亿元；对 9756 名符合条件的贫困户全部纳入低保兜底；为贫困户全额购买城乡医保、人身意外伤亡保险、大病医疗补充保险、农房保险，并将 5186 名符合条件的因病致贫对象全部纳入医疗救助范围。

（4）完善基础建设。全年启动通畅公路 758 公里，竣工 150 公里，验收的 18 个村通畅率达 100%；修建产业路 147 公里、村社人行便道 90 公里；建成集中供水工程 54 处，完成 10 个贫困村农网升级改造、42 所高海拔地区中小学配电变压器和电网升级改造、18 个销号村标准化卫生室建设。

（5）发展特色产业。围绕马铃薯、草食牲畜、中药材、烤烟四大支柱和蔬菜、水产、林特、大宁鸡、乡村旅游五大特色产业，因地制宜地完善贫困户产业发展规划，引导贫困群众以多种形式参与产业发展，实现稳定增收，其中，贫困户养殖山羊 5 万只，种植中药材 1.7 万亩、烤烟 0.5 万亩，发展乡村旅游 50 户，马铃薯种植基本全覆盖。建立健全龙头企业、专业合作社、家庭农场与贫困户利益联结机制，引导和鼓励贫困户以土地、财产入股参与股份合作社生产经营，增加租金、股金和薪金收入。

3. 扶贫工作持续开展所面临的挑战

（1）贫困程度较深。全县贫困村占行政村总数的 51.9%；贫困人口占全县总人口的 15.93%；贫困发生率为 21.2%，比全市高 12.9 个百分点；全县农民人均纯收入全市最低，仅占全市人均水平的 67%；150 个贫困村农民人均纯收入占全县农民人均纯收入的 78%。

（2）内生动力不强。少数贫困群众感受到了“贫困帽”的好处，甚至表现出对帮扶责任人过分依赖，与本村贫困户相互攀比等现象，一些贫困户已经达到脱贫验收标准，但盼望得到更多的扶持，存在

“不愿脱贫”的现象。同时，少数贫困由于长期处于贫困的境况，缺乏脱贫的信心，也不愿走出贫困的生活，安于现状。按照本地人的说法，就是懒惰，自己不努力。但按照贫困户自己的说法，就算自己努力进行农业生产种植，收益也不足以改善家庭生活，因为生产的农产品缺乏销路。

（3）增收基础不牢。县有脱贫工作方案，乡镇有脱贫实施意见，村有脱贫规划，农户有脱贫方案，但在实施过程中存在一定困难，原因在于村级规划不合理，到户项目确定不很精准，长短结合不够实际，产业覆盖上规模经营与散户覆盖结构不够科学。

（4）返贫因素较多。脱贫与返贫呈“拉锯式”状态，持续发展、稳定增收的基础仍然很弱，巩固和提高扶贫成果难度加大。

四、调研分析

1. 巫溪农村电商精准扶贫的概况

巫溪县将电子商务与精准扶贫相结合，依托良好的生态环境，打造生态产品会员制订单农业，形成从生产端到销售端之间的供应链体系，探索出农村生态食品进社区的“社群+网”模式，实现互联网与传统产业融合，着力推动农产品上行，实现精准扶贫。同时，建立生态农特产品电商体验店，实行O2O体验消费，满足更多消费人群的健康生活需要，增强巫溪农特产品影响力，助力电商扶贫工作。另外，不断加强并统一区域品牌，强化农特产品推广工作，利用品牌效应助推精准扶贫。

2. 巫溪农村电商精准扶贫工作实践

（1）打造生态产品会员制订单农业，加强扶贫对接工作。

消费者通过公司平台下单定制，公司组织农户分户散养的方式，形成仔猪（鸡仔）选定、喂养过程监管、回收检测、销售及售后服务“一条龙”服务。在组织农户过程中，政府应加强识别，落实具体扶贫措施。一是为贫困户提供技术指导，公司聘请养殖专业人士，负责贫困户养殖标准、消毒防疫等技术指导；二是保价订单收购，帮扶资金设立专项补助资金，产业发展初期，对建卡贫困户纯粮食猪和土鸡进行保价收购，补助高出市场价 30% ~40% 的价格部分；三是为建卡贫困户购买生猪养殖保险，保期 5 个月，20 公斤以上起保，20 ~40 公斤补偿 300 元/头，40 ~60 公斤补偿 400 元/头，60 公斤以上补偿 500 元/头。

目前，已在城厢、大河、古路、朝阳、乌龙、长桂 6 个乡镇试点计划，计划扶贫 1000 户，每户养殖粮食猪 2 ~4 头，土鸡 10 ~30 只，户均增收 18000 元，1000 户全年可增加收入 1800 万元。

（2）建立生态农特产品电商体验店，实行 O2O 体验消费。

为了让更多生态农特产品销售到市场，满足更多消费人群的健康生活需要，巫溪县在县城内、主城及其他区县建立生态农特产品电商体验店，广大消费者可以亲自体验，享受方便快捷的服务。一是在县城内建立电商体验店，位于县城马镇坝逍遥广场负一楼“我的家”生活广场内体验店面积约 200 平方米，基础设施及装修工程已全部完成，近期可全面投入使用。二是在主城区建立电商体验店，位于渝北区鲁能星城 2 街区特色品牌“巫溪烤鱼”直营店于 3 月 14 日已正式营业，实现“餐饮体验、特产展销、文化旅游宣传”等功能，塑造和传播巫溪的烤鱼文化、巫文化、原生态文化和快时尚文化，这是将巫溪特色产业推向全国的一个良好开端。位于重庆两江新区龙城国际一期体验店于 2016 年 2 月建成并运营，将巫溪农特产品在香普堂美食体验中心做成系列美食进行销售。渝中区体验店装修已基本完成，计划近期正式运营。三是在其他区县建立电商体验店，位于万州区周家坝巫溪产品体验店正在筹建中，下步将在更多区县建立巫溪体验店，畅通巫溪农特产品销售市场。

（3）统一区域品牌，强化农特产品营销推广。

一是为提高农特产品市场价值和影响力，统一本地品牌形象，巫溪县通过政府推动，统一对本县农特产品进行包装策划、设计、媒体推广，统一打造巫溪产品区域性品牌“友山友水”，利用品牌效应助推精准扶贫。品牌设计包括生鲜类、蔬菜类、特色腊肉类、特色干货类等五大类别共30余种产品。二是与镇坪、竹溪、竹山、城口等周边区县共同打造秦巴山区农特产品品牌，共用电商平台，探讨互返佣金销售模式。

五、巫溪县农村电商精准扶贫面临的主要问题

（一）发展农村电商基础设施落后

农村地区发展电商的互联网、道路、物流等基础设施落后，直接影响巫溪县开展农村电商的信息和物流，也给电商扶贫带来了致命制约。

1. 农村网络覆盖率低

由于农村及偏远地区经济基础相对薄弱、地理环境复杂、人口居住分散，互联网建设和运行维护成本高、收益低，存在一定程度的市场“失灵”，城乡网络发展严重不平衡，农村的宽带网络和4G网络覆盖率远不及城市相关覆盖率的一半。网络不通畅、网速慢的现实制约了农村发展电子商务的速度，也对农村电商扶贫工作的开展带来了挑战。

2. 农村道路交通建设不完善

农村交通运输设施是农村电子商务快速发展的助推器。长期以

来，由于农村公路建设标准不完善、建设资金短缺、日常管理不到位等原因，虽然政府积极响应电子商务发展需要，推进“村村通”工程，但很多乡村道路不能经久耐用。

巫溪县农村公路总里程4464公里，其中县道102公里、占比2%，乡道449公里、占比9%，村道3912公里、占比89%。巫溪农村公路中四级及以上公路4387公里，占比98%，等外级公路77.2公里。农村公路技术等级普遍较低，后期升级改造难度大，交通基础设施仍然落后，由于建设资金短缺、维修养护不及时、群众爱路护路意识薄弱，农村交通建设和交通安全设施不完善，制约着发展农村电子商务、实现精准扶贫的步伐。

3. 物流基础设施落后

农村地区物流仓储基础设施不完善，农村中心集镇货物运输站场建设进度缓慢，基础设施依然短缺且设备简陋，冷链物流运输专用车辆所占比重偏小，而中小型货车所占比例偏大。

在互联网发展和农村电商扶贫政策的推动下，巫溪县非常重视农村电子商务的发展，但仍然处于起步阶段，整体而言，巫溪县农村电商基础设施滞后，特别是农村网络基础设施建设相对落后，满足不了广大农村用户对互联网的需求，各项配套的基础设施也较滞后，从而在很大程度上阻碍了巫溪县农村电子商务的快速发展。

（二）依托农村电商扶贫工作重点不平衡问题

农村电商精准扶贫要在贫困地区开展，一方面是将农产品通过电商平台销售出去，以增加贫困农民收入、解决贫困人口创业、就业问题；另一方面，工业品通过电商平台直接到达农户手中，减少农民生活开支。然而目前，巫溪县农村电商精准扶贫的应用上主要是农产品上行，而工业品下行薄弱，双向发展不平衡。

1. 农产品上行电商有待优化升级

农产品上行的专门电商运营平台的开发、设计与运营不足。已培育的“巫溪微商城”等本地网销平台的网站和页面建设虽初显成效，但网站交易量较少。针对农产品电商的专业运营平台的开发能力不足，设计缺少特色，电商运营平台的管理运营缺少专业团队。

农产品上行中的物流配送服务以及在包装、流通加工和配送中的标准化滞后，限制了农产品上行。农产品上行需要解决农产品的质量鉴定、质量的标准化以保证质量的持续性、信息的标准化以保证有效的追溯等，而这些投入必然带来物流成本的上升。

2. 工业品下行流通较为薄弱

目前，巫溪通过引进阿里巴巴、京东等第三方平台，以县为单位建立农村电商服务中心（农村淘宝服务站、京东乡村等），借助三方平台的力量推动工业品下行。但第三方农村电商平台（企业）其运营的存在相对垄断性与可持续性发展问题；报告中已经提到，巫溪现有的农村电商下行以“农村淘宝”“京东帮”为主，且已占据一定的市场，在电商运行初期尚且获取一定的政府支持，这对于其在农村地区的市场拓展是非常有利的，在一定程度上形成了农村电商运营的相对垄断性。这种垄断虽然给农村地区带来了福利，但也势必给后续农村电商的进入形成了一定的进入壁垒，如物流渠道自用不开放等，影响农村电商平台的可持续发展。

“农村淘宝合伙人”等农村电商创业主体运营形式、运营风险与可持续发展问题。目前两类农村电商模式在农村网点的运营都依赖于“农村淘宝合伙人”之类的创业主题，这类创业主体进入门槛不高、可替代性强。专业知识匮乏、收入的不稳定性和运营成本问题，对这类创业主体的运营风险和可持续发展带来了挑战。

农村淘宝等自建物流配送服务体系与农村第三方物流配送服务的

协同发展问题。现有的农村电商都依赖自建的物流配送体系来完成农村地区的配送，配送能力有限、配送范围小，与第三方物流配送服务的合作甚少，这势必导致物流配送服务不健全发展，影响“工业品下行”末端配送的时效和品质。巫溪县“工业品下行”流通面临较大压力。

（三）电商农产品标准体系建设难度大

1. 农产品质量标准体系缺乏

长期以来，农产品质量标准分散在多部门和多系统，各行业标准体系之间既交叉重复，又有许多遗漏。在农村电商发展过程中，产品标准是阻碍农产品上行的最大障碍之一。而好的农产品也要对产后的加工、储藏、包装等环节进行改进，制定适应电子商务的农产品质量、分等分级、产品包装、业务规范等标准。

2. 农产品品牌塑造难度大

农产品上行所需要具备的资质获取周期长，获取价格昂贵、获取难度大，是农产品上行的主要困难。农产品要上行首先要有营业执照，然后需要有商标认证，包括 TM 标、R 标。在申请过程中，还需要具备有机认证、商标认证、地理认证。商标认证需要一年的申请周期，有机认证需要三年左右的申请周期，每一年需要花费 4 万 ~5 万元对土壤检测、环评以及溯源。由于打造农产品绿色品牌，有机等认证获取难度太大，普通个体农户很难获取认证，同时也没有相关企业整合农户资源，使大部分农户都无法打造农产品品牌。另外，由于农户电商意识差，缺乏电子商务人才的指导，使他们品牌意识匮乏，对于打造农产品品牌的欲望不强。

（四）农户创业就业可持续问题

1. 商品同质化问题突出

巫溪县同区域中经营的特色农产品马铃薯、玉米等存在高相似度性，而同一地区的农村网商往往利用相同的当地特色资源，导致该地区商品同质化严重。同时，随着农村淘宝数量不断增加，直接加剧了淘宝村内部的竞争。造成网上运营成本提升，而同质化的产品对消费者的吸引力降低，众多农村电商创业者也面临利润缩水甚至破产的风险，对电商扶贫的推进产生不利的影响。

2. 农村电商缺乏有效的资金供给渠道

扶贫工作的主要推手在于资金的支持，电商扶贫作为新生扶贫工程，更需要充足的资金支持，特别是财政支持。巫溪县从政府政策支持的层面来看，在目前的扶贫体系中，电商扶贫的专项资金虽已投入，但在实际落实过程中，程序比较烦琐，而且额度有限，部分专项扶贫资金拨付不及时，使电子商务扶贫工作无法按计划顺利推进。同时，存在扶贫资金使用效率低，针对农民群体的贷款政策不够完善，也形成了对电商扶贫工程进一步发展的制约。从社会融资的角度来看，现今已有的金融机构和民间电商平台无法涵盖到农村电子商务的所有需求面，地方政府与互联网融资机构的合作也不够深入，因此更加重了电子商务与精准扶贫相结合的难度。

3. 农村电商扶贫各参与主体的配合度不高

农村电商扶贫需要各级政府、企业、电商办、扶贫个体通力合作。县政府根据地区实际情况统筹农村电商扶贫工作，电商企业搭建平台和统一品牌包装，农业企业提供资金、技术和服务，扶贫个体以劳动、土地确权入股、现金入股或者土地流转等形式加入，从各个实施主体之间的信任度、行动透明度和协商一致的维度考虑，出于各个主体对自身利益的保护和不信任彼此的程度，导致农村电商扶贫实施中工作出现各个主体不配合的局面。在农村电商发展初期，政府充分利用各大电商企业“电商下乡”渠道下沉的时机，引导和推动他们在贫困村布局网点，但各电商企业的运营独立，农村电商企业的责任落实困难，建立协同的农村电子商务体系举步维艰。

（五）电子商务专业人才短缺问题

农村电子商务扶贫面临的首要问题是人才的严重匮乏，特别是精通农村电商技术、运营等的复合人才更加缺乏。同时，整个农村贫困区电子商务服务人员整体素质较低，再加上贫困村的农民文化水平普遍不高，这些因素直接制约电商扶贫的推进。社区和农村缺乏具有电子商务专业知识的独立运营管理网店的实用型人才。企业缺乏应用型人才，而且企业引进的电子商务人才流失比较严重。

巫溪县电商产业园是由县委政府主导、各职能部门参与、县商务局牵头，委托巫溪县众创电子商务运营服务有限公司具体实施建设并负责园区运营管理的新型产业园区。总面积3500平方米，现已入驻企业110家，年产值10亿元。电子商务产业属于智力密集型产业，需要大量高素质懂技术的实用性人才，但巫溪发展农村电商时，目前面临电商专业人才严重匮乏的困境。

（六）如何精准识别贫困人群与电商结合问题

巫溪县贫困人口中存在贫困原因类别多，情况复杂的特点，其中主要因学致贫、因病致贫及因缺技术致贫是主要的三种原因。电商扶贫归根结底在扶贫，总体要求是精准。但巫溪贫困人口并不能全部由电商扶贫的方法来解决，因此，只有辨别出正确的扶贫对象，做到精准扶贫，才能对症下药解决实际问题。

六、巫溪县农村电商精准扶贫的解决对策

（一）改善农村电商基础设施

1. 提高农村网络覆盖率

贯彻落实“宽带中国”战略，从政策上支持农村地区的宽带网络建设和移动网络建设。根据巫溪县因地制宜采用光纤、铜线、同轴电缆、4G、微波、卫星等多种技术手段加快宽带网络从乡镇向行政村、自然村延伸。在人口较为密集的农村地区，建设光纤等有线宽带线路。在人口较为稀少、分散的农村地区，灵活采用各类无线技术实现宽带网络覆盖，如建立高山基站等。积极推广适合农民需求的低成本智能终端。加强各类涉农信息资源的深度开发，提高综合网络信息服务水平。

2. 完善农村交通基础设施

应进一步加大投资力度和政策支持农村交通基础设施建设，加大对县、乡、村三级道路建设，最大限度地为群众提供出行便利，也为农村产业发展打通道路屏障。

加快城镇三级干线公路建设和农村四级支线公路建设，硬化村镇道路，提升公路适应能力，同时，在相应位置增加减速带、交通标志牌、广角镜、道路指示标志等道路标志，增强道路安全性。

3. 构建物流配送体系

结合新型城镇化建设，整合利用农村现有乡镇商贸中心、配送中心和万村千乡市场工程网络资源，发挥乡镇商贸中心的销售、配送以

及金融、邮政、电信等服务功能。建立健全适应农村电子商务发展需要的支撑服务体系，完善农村物流配送体系，发展与电子交易、网上购物、在线支付协同发展的物流配送服务。完善面向农村的综合物流信息服务平台，推动第三方配送、共同配送在农村的发展。

（二）农村电商精准扶贫重点在农产品上行

围绕“工业品下行”痛点，加强农民电商意思，培养农民电商技能。积极利用村广播、横幅、流动宣传车等载体，重点开展实施电子商务的意义、政府扶持、维权等方面的政策宣传。组织相关服务机构在村公共服务中心或深入农户，帮助农民解决困难。经常组织农民参观其他农村地区的电子商务开展情况。加强与农村电子商务示范区的合作，建立帮扶机制，充分发挥农村电商带头人作用，让农民影响农民。举办计算机及互联网知识培训，提升农民网络基础知识。学会开关机、打字、上网、查询信息，收发邮件、网上洽谈等技术是农民运用电子商务的前提。

（三）建立农产品质量标准体系

1. 建立特色农产品供应监管体系

确定当地特色农产品，按照规模化种植、标准化生产、商品化销售的要求，加工适宜网络销售的优质产品。扶持农产品加工企业通过产业化经营，带动贫困户从事网货生产加工，建立完善的供应体系。制定特色农产品生产加工标准，指导企业、合作社和农户按标准种植、生产、加工、包装，从源头保证农产品供应质量；抓好流通环节质量监管，建立网销产品质量追溯体系，对流通环节进行监测，杜绝质量隐患。

2. 加强农产品品牌建设

第一，由巫溪县政府牵头，由第三方教育机构组织电商人才培训，为巫溪县输送电子商务专业人才，增强农户对电商的理解和对品牌的认识以提升农户通过电商打造品牌的积极性；第二，由巫溪县政府牵头，整合零散农户资源，对零散农户进行分类规划，形成农户团体，规划好农户团体的特色农产品种植计划；第三，以电商专业人才为基础，建立资质认证帮扶协会，统一帮助农户团体进行农产品上行相关认证的获取；第四，联合知名第三方电商平台，与本地电子商务专业人才联合建立品牌推广机构，协助各个农户团体打造相应的农产品品牌。

(四) 建立健全电商服务体系

1. 发展农村电商产业链建设，营造消费扶贫良好氛围

积极建设具有辐射作用的县域电子商务商贸服务公共信息平台，健全电子商务服务网络。为贫困村网店开设和运营提供营销策划、在线支付、设计包装、人员培训、咨询服务、设备设施、代运营等专业服务，健全上下游服务链；依托国家、省级电子商务示范基地和电商产业园、创业孵化园，为贫困村网商和农户提供创业孵化服务。巫溪政府给予政策补贴扶持，加强县域电子商务公共服务中心的运营管理，提高其资源整合能力，突出当地经济特色，提高电商服务水平和核心竞争力。尤其通过产业园区示范点建设整合当地特色产品，形成规模效应，提高巫溪地域特色产品的知名度与竞争力。使扶贫模式从“各自为战”转变为“团结共享，一致对外”。

以每年扶贫日为时间节点，组织有关电商企业，共同举办消费扶贫体验活动，集中购买贫困地区土特产品，培育全社会消费扶贫意识，逐步形成电商扶贫的品牌产品、品牌企业。加强贫困地区优质特

色农产品、民族手工艺品、休闲农业的宣传推介，鼓励支持电商平台常年开展富有特色的网购活动，共同营造消费扶贫的良好氛围。

2. 发挥互联网金融在扶贫领域的应用

应努力将电商扶贫与金融扶贫结合起来。吸引社会资本进入，发起成立电商扶贫公益基金，统筹管理和整合使用财政投入、公益支持、社会帮扶等各类资金，重点对参与电子商务融资困难的贫困村、贫困户予以扶持。充分发挥阿里、京东等电子商务平台作用，为贫困人口开办网店和从事电商服务业等提供资金支持。依托他们的信用数据优势，开展互联网金融创新的探索，以解决“贷款难”“担保难”的问题。引导传统金融机构从加大信贷投入、创新信贷产品、完善基础设施、优化金融服务环境等方面进行创新，鼓励线下传统金融机构和电子商务平台企业携手合作，将前者的资金优势和后者的电子商务信用数据，优势互补，如通过降低信贷准入门槛、下放授信权限、减少审批环节、缩短贷款审批时间等措施，为贫困地区电商发展提供多元化的金融支持。

3. 加强电商扶贫项目主体责任落实与监督，营造规范有序的市场环境

县政府根据地区实际情况统筹农村电商扶贫工作，加强组织领导和统筹协调，落实工作责任，完善工作机制，切实抓好各项政策措施的落实。对参与各电商扶贫项目实施主体建立严格的考核评价体系，重点考察项目可持续性投入、产出效益及帮助农户增收情况。加强网络市场监管，强化安全和质量要求，打击制售假冒伪劣商品、虚假宣传、不正当竞争和侵犯知识产权等违法行为，维护消费者合法权益，促进守法诚信经营。督促第三方平台加强内部管理，规范主体准入，遏制“刷信用”等欺诈行为。维护公平竞争的市场秩序，推进农村电子商务诚信建设。

（五）加强农村电商人才培训与实践

1. 差异化培训

应加强农村电商专业培训，对农村中有知识的农民开展电子商务专业化培训，以培养具有电商理论基础和实际操作能力的人才，为农村电子商务的发展提供人才支撑。

由于不同发展阶段所面临的问题不同，可由巫溪县商务局牵头主办商务专业人才培训会，例如，可邀请淘宝大学讲师，或者由当地经验丰富的网商传授经验交流。另外，巫溪网还可以把培训全程进行现场直播，让其他没能来现场的爱好电商的网友也能通过直播来进行学习。

2. 加强校企合作

学校根据网商的需要，可以开展定制化、批量化培养电商专业人才。可与高、职业中专学校建立校企联合办学、合作培训、教育实习基地等长效机制。以高校的相关教育、科研和人才培养相关资源为依托，联合各类涉农专家、企业电商平台专家、数据分析专家等，打造跨平台的农村电商教育孵化体系，对农村电子商务应用与服务的专门人才进行全方位的培训（诸如相关政府部门、企业、涉农组织、专业合作社等部门的相关人员和大学生村官、农村电商创业者等）。共建电商扶贫人才培训和实践基地，实现电商扶贫管理人员和从业人员培训全面覆盖。

3. 外部引进高端人才

要树立典型，加大宣传力度，相关新闻部门、媒体要积极梳理本地电商成功案例和典型事迹，将农村电商、青年创业、企业发展等经验进行大力宣传，在区域内形成有利于电商创业的良好氛围。

此外，巫溪县政府要出台相关政策，重视电商专业人才的培养，通过引入专业人才和高端人才的方式，推动客服外包、美工设计、店铺装修、品牌设计等方面的服务，整体提升巫溪农村电商行业发展的水平。

（六）农村电商与贫困户精准对接

要做到精准扶贫，需要对电商扶贫对象进行筛选，从事电商活动需要具备基本的劳动力和劳动欲望，因此，电商扶贫面向的对象应该具备以下一些基本素质：第一，具备基本劳动力，并有劳动欲望的贫困人群；第二，具备电商基础技术知识，或者愿意接受电商技术知识培训的贫困人群。优先安排有条件的贫困户开设村级电商服务站点；鼓励电子商务相关物流快递企业、网货供应企业、互联网企业安置贫困人口就业；支持电子商务智慧旅游平台为旅游风景区的贫困户提供便利条件，开设网上乡村旅游服务社、网上农家乐等，贫困户通过销售门票、提供地接服务、销售旅游产品等脱贫致富。

参 考 文 献

1. Posner MV. International trade and technical change [J]. Oxford Economic Papers (New Series), 1961, 13 (3): 323 -341.

2. Barry, PJ. ST sonka, K. Lajili. Vertical cordination, financial strcture, and the changing theory of the firm [J]. Ameriean Joumal of Agricultural Eco-nomics, 1992, 74: 1219 -1225.

3. Binswanger, H. P., S. R. Khandker and M. R. Rosenzweig. How infrastrecture and financial intitutions affect agricultural output and investment in India [J]. Journal of Development Economics, 1993, 41 (2): 337 -366.

4. Wilson P. An overview of developments and prospects for e-commerce in the agricultural sector [J]. 2000.

5. Morehart M., Hopkins J. On the upswing: Online buying & selling of cropInput & Livestock [J]. Agricultural Outlook, 2000 (4).

6. Webster S., Weng Z. K. A risk-free perishable item returns policy [J]. Manufacturing & Service Operations Management, 2000, 2 (1): 100 -106.

7. Ivanic R., AKRIDCE J., DOOLEY F. E-commerce strategies among agricultural input firms [R]. C. Ehmke-Staff Paper, 2001.

8. Poole B. How will agricultural E-Markets evolve? [R]. Washington, D. C.: Paper Presented at the USDA Outlook Forum, 2001: 22 -23.

9. Poole. Enhanced market practices: Poverty alleviation for poor pro-

ducers in developing countries [J]. University of California Berkeley, 2001 (1): 55.

10. Mueller R A E. Emergent e-commerce in agriculture [J]. Aic Issues Brief, 2000.

11. Poole B. How will agricultural e-markets evolve? [R]. Washington, D.C.: Paper Presented at the USDA Outlook Forum, 2001: 22 – 23.

12. Hopkins, J. and Morehart, M. Farms, the internet & e-commerce: Adoption & implications [R]. Agricultural Outlook. Economic Research Service USDA, November 2001.

13. Nicole Leroux, Max Wortman Jr. Dominant factors impacting the development of business-to-business (B2B) e-commerce in agriculture [J]. The International Food and Agribusiness Management Review, 2001, 4 (2): 205 – 218.

14. Baourakis G, Kourgiantakis M, Migdalas A. The impact of e-commerce on agro-food marketing: The case of agricultural cooperatives, firms and consumers in Crete [J]. British Food Journal, 2002, 104 (8): 580 – 590.

15. Tuli R., Mookerjee A. Retail formats: Patronage behavior of Indian rural consumers [J]. South Asian Journal of Management, 2004, 11 (Jul-Sep).

16. Anita Kelles-Viitanen. The role of ICT in governing rural development [J]. IFAD Workshop on the What are the Innovation Challenges for Rural Development (Rome), 2005: 11 – 14.

17. Muniafu S. M., Kar E. V. D., Rensburg J. V. An environment for e-commerceand ICT enabled logistics services in rural areas of transition countries: The case of South Africa [C] International Conference on Electronic Commerce, 2005: 393 – 399.

18. Lennon S. J., Kim M., Johnson K. K. P., et al. A longitudinal

look at rural consumer adoption of online shopping [J]. Psychology & Marketing, 2007, 24 (4): 375 -401.

19. W. Wen. A knowledge-based intelligent electronic commerce system for selling agricultural products. Computers and Electronics in Agriculture, 2007, 1 (57): 33 -46.

20. Martyrs W. Tobacco commercial economy: Links between social advantages and exclusion in rural areas [J]. Telecommunications Policy, 2007 (31): 374 -388.

21. Wen W. A knowledge-based intelligent electronic commerce system for selling agricultural products [J]. Computers and Electronic in Agriculture, 2007, 57: 33 -46.

22. Wen. Inclusive growth toward a prosperousAsia: policy implication [R]. ERD Working Paper No. 97, Economic and Research Department, Asian Development Bank: Manila, 2007: 1 -10.

23. Weltevreden J. W. J. B2c e-commerce logistics: The rise of collection and delivery points in the Netherlands [J]. International Journal of Retail & Distribution Management, 2008, 36 (8): 638 -660.

24. Michael Sykuta. Agricultural organization in an era of traceability [J]. Journal of Agricultural and Applied Economics, 2009: 372.

25. Laus Turowski. Optimization of fresh-food supply chains in uncertain environments [J]. Biosystems Engineering. 2009, 99: 348 -359.

26. Reardon, T., Barrett, C. B., Berdegue, J. A., Swinnen, J. F. M. Agrifood industry transformation and small farmers in developing countries [J]. World Development, 2009, 37 (11): 1719 -1725.

27. M. Esmaeili, Mir. Bahador Aryanezhad, P. ZeePhongsekul. Agametheory approach in seller-buyer supply chain [J]. EuroPean Joumal of Operational Researeh, 2009 (195): 442 -448.

28. Manouselis N., Konstantas A., Palavitsinis N., et al. A Survey

of Greek Agricultural E-Markets [J]. Agricultural Economics Review, 2009, 10 (1).

29. Wiggins, S.; Kirsten, J.; Llambí, L. The future of small farms, World Development, 2010, 38 (10): 1341-1348.

30. Halfacree, "Rural space: Constructing a three-fold architecture." In P Cloke (ed) [J]. Handbook of Rural Studies, 2006.

31. Ruiz Garcial, Steinberger C. Rothmund M. A. Model and pro-to-typeimplementation for tracking and tracing agricultural batch products along the foodchain. Food. Control, 2010, 21: 112-121.

32. Ruiz-Garcia L., Steinberger G., Rothmund M. A model and prototype implementation for tracking and tracing agricultural batch products along the food chain [J]. Food Control, 2010, 21 (2): 112-121.

33. Posner. International trade and technical change [J]. Oxford Economic Papers, 2010, 2: 323-341.

34. Ruiz Garcial, Steinbercer G., Rothmund M. A. Model and prototype implementation for tracking and tracing agricultural batch products along the food chain [J]. Food. Control, 2010, 21: 112-121.

35. Ruiz Garcial, Steinberger G., Rothmund M. A model and prototype implementation for tracking and tracing agricultural batch products along the food chain [J]. Food Control, 2010, 21: 112-121.

36. Ali A. J., Mohammad R. O. A new applicable model of Iran rural e-commerce development [J]. Procedia Computer Science. 2011, 3: 1157-1163.

37. Europe [J]. Proscenia-Social and Behavioral Sciences, 2010, 23.

38. Abdi HN. The influence of rural logistics and rural transport costs on farm income and poverty in Kenya: The case of Kisumu And Nyandarua

districts, Kenya [J]. World Bank Report, 2010.

39. Lim H., Shiode N. The impact of online shopping demand on physical distribution networks: A simulation approach [J]. International Journal of Physical Distribution & Logistics Management, 2011, 41 (8): 732 - 749.

40. Bodini, A. & Zanoli, R. Competitive factors of the agro-food e-commerce [J]. Journal of Food Products Marketing, 2011, 17 (2): 241 - 260.

41. 施风芹，张涛. 电子商务与网络营销 [M]. 北京：水利水电出版社，2011.

42. 翟丽丽. 电子商务概论 [M]. 北京：科学出版社，2011.

43. Alvarez, Humberto R. A., Orozco, Andrés. Modeling a distribution network of agricultural products in Panama [J]. IIE Annual Conference. Proceedings, 2013.

44. Kaplan S. E., Nieschwietz R. J. A web assurance services model of trust for B2C e-commerce [J]. International Journal of Accounting Information Systems, 2013, 4 (3): 95 - 114.

45. Galtier F., David-Benz H., Subervie J., et al. Agricultural market information systems in developing countries: New models, new impacts [J]. Cahiers Agricultures, 2014, 23 (4 - 5): 232 - 244.

46. Franck, Galtier. Remote sensing tools for evaluating poverty alleviation projects: A case study in Tanzania [J]. Procedia Engineering, 2014 (78): 178 - 187.

47. Franck, Galtier. Agricultural market information systems in developing countries: New models, new impacts [J]. General Review, 2014, 23: 232 - 244.

48. Galtier F., David-Benz H., Subervie J., et al. Agricultural market information systems in developing countries: New models, new im-

pacts [J]. Cahiers Agricultures, 2014, 23 (4-5): 232-244.

49. 宋剑. 宽带中国计划对农村电商物流市场发展潜力影响研究[J]. 物流技术, 2014 (9): 332-334.

50. Yaseen H., Dinaley K., Adams C. The Government's role in raising awareness towards e-commerce adoption: The case of Jordan. Proceedings of the European Conference on e-Government. ECEG. 2015.

51. Rana Deljavan Anvari. The impact of e-commerce and R&D on economic development in Maribel P. The research of rural e-commerce pattern [J]. Information Systems Research, 2016, 12 (2): 60-71.

52. J. Mehmann, F. Teuteberg. The fourth-party logistics service provider approach to support sustainable development goals in transportation-A case study of the German agricultural bulk logistics sector [J]. Journal of Cleaner Production, 2016.

53. Stanisław Iwan, Kinga Kijewska, Justyna Lemke. Analysis of Parcel Lockers' efficiency as the last mile delivery solution -The results of the research in Poland [J]. Transportation Research Procedia, 2016, 12.

54. 埃弗瑞姆·特伯恩, 戴维·金, 李在奎, 梁定澎. 电子商务(第7版)[M]. 北京: 中国人民大学出版社, 2016.

55. 陈国伟. 农村电商物流循环取送货模式研究[D]. 北京交通大学, 2016.

56. 张丽. 赣州邮政农村电商"最后1公里"物流模式研究[D]. 江西师范大学, 2016.

57. 郑达. 基于促进农村经济发展的互联网资源利用路径研究[D]. 浙江海洋大学, 2016.

58. 惠文静. 电商模式下"互联网+现代农业"前景研究——以陕西省眉县猕猴桃产业为例[D]. 西北农林科技大学, 2016.

59. 白灵. 农村电商发展中存在的问题及对策研究——以晋中市为例[D]. 山西大学, 2016.

60. 黄霖．连州发展农村电商策略研究［D］．云南财经大学，2016.

61. 闫新建．农村电商运作模式的对比研究［D］．对外经济贸易大学，2016.

62. 宋齐．农村扶贫中政府与农民的合作关系研究——基于陇南w村“电商扶贫”的分析［D］．兰州大学，2016.

63. 林广毅．农村电商扶贫的作用机理及脱贫促进机制研究［D］．中国社会科学院研究生院，2016.

64. 孙伟．农村电商对我国农业经济发展的影响分析——以莱芜农村电商研究为基础［J］．黑龙江畜牧兽医，2016（10）：4－5.

65. 张翘楚．推进“互联网＋”促进农村经济提档升级［J］．奋斗，2016（04）：59－60.

66. 朱世友．农村电商发展对物流业的影响及农村物流体系构建［J］．价格月刊，2016（3）：75－78.

67. 樊文翔．互联网＋农村合作经济组织发展模式探析［J］．安徽农业科学，2016（13）：271－273＋282.

68. 李红媛．互联网对推动农村经济发展的作用及完善策略［J］．知识经济，2016（18）：32－33.

69. 常艳妮．“互联网＋”促进农村经济发展的模式探索［J］．商业经济研究，2016（17）：147－148.

70. 马小雅．广西农村电商物流发展对策［J］．开放导报，2016（5）：77－80.

71. 洪勇．我国农村电商发展的制约因素与促进政策［J］．商业经济研究，2016（04）：169－171.

72. 张柯．农村电商“双驱模式”路径探索［J］．商业经济研究，2016（12）：160－162.

73. 周宇宏．“互联网＋”背景下农村经济的转型和蜕变——基于河北省6个典型“淘宝村”的实地考察［J］．理论观察，2016

（11）：112－113.

74. 张岩，王小志．发展农村电商对贫困地区扶贫减贫的重要意义［J］．经济研究参考，2016（71）：26.

75. 张岩，王小志．农村贫困地区实施电商扶贫的模式及对策研究［J］．农业经济，2016（10）：58－59.

76. Salah Kabanda. A structuration analysis of Small and Medium Enterprise（SME）adoption of e-commerce：The case of Tanzania［J］. Telematica and Informatics，2017，34（4）：118－132.

77. Dalvit L. The reasearch of rural e-commerce［J］. Strengthening the Role of ICT in Development，2017，7（1）：12－34.

78. Turvey CG. Financial inclusion，financial education，and e-commerce in rural China［J］. Agribusiness，2017，33（2）：279－285.

79. Tania Ferreira，Isabel Pedrosa. Business Intelligence for E-commerce［J］. Survey and Research Directions，2017，（3）：215－225.

80. Sanya Yadav & Rajni Parmar. E-governance：Its growth and amplification in rural areas，ISSN 2319－4421，2017.

81. 陈虎东．互联网＋农村：农村电商的现状、发展和未来［M］，北京：清华大学出版社，2017.

82. 郑舒文，吴海端，柳枝．农村电商运营实战［M］，北京：人民邮电出版社，2017.

83. 魏延安．农村电商—“互联网＋三农”案例与模式（第2版）［M］，北京：电子工业出版社，2017.

84. 朱小良，王德利，李正波，邱琼．电子商务与新零售研究［M］，北京：中国人民大学出版社，2017.

85. 谢瑞朝．电商模式下获嘉县SF农业合作社市场营销策略研究［D］．西安理工大学，2017.

86. 杨海涛．农村电商推动农村产业结构转型升级研究——以杭州市为例［D］．浙江海洋大学，2017.

87. 王屹．我国农村电商发展的评价体系研究［D］．安徽农业大学，2017.

88. 汤飞．苏宁农村电商 O2O 模式的研究［D］．云南财经大学，2017.

89. 王康．农村电商引导下的农产品营销模式研究——以杭州市“村邮乐购”为例［D］．浙江海洋大学，2017.

90. 杨春琦．重庆农村电商发展的政策优化研究［D］．重庆大学，2017.

91. 金标旺．农村电商发展的支持体系及相关政策研究：义乌案例［D］．浙江海洋大学，2017.

92. 黄战功．光山县农村电商扶贫问题研究［D］．河南财经政法大学，2017.

93. 刘禹．湖南西部农村电商扶贫问题研究［D］．湖南农业大学，2017.

94. 滕稳稳．贵州农村电商扶贫模式研究［D］．贵州民族大学，2017.

95. 周浪．农村电商物流配送“配送车 + 无人机”路径优化研究［D］．武汉理工大学，2017.

96. 吴永鑫．物流无人机在中国农村电商物流市场应用研究［D］．深圳大学，2017.

97. 李宇．商洛柞水县农村电商物流配送模式及路径优化研究［D］．西安建筑科技大学，2017.

98. 谷孜琪．农村电商双向物流车辆路径优化研究［D］．武汉理工大学，2017.

99. 席大伟．京东下乡经营学［M］，北京：中国经济出版社出版，2017，05.

100. 申琦．“互联网 +”下农村电商对农村经济促进的问题探究——基于博兴县湾头村的调查［J］．现代商业，2017（05）：

26 – 27.

101. 陈冠仲，黄夏琼，汪秉晶．“互联网 + 农村”经济新模式初探——以宁波市为例［J］．宁波教育学院学报，2017（04）：109 – 114.

102. 朱海波，熊雪，孔祥臣．互联网 + 电商”促进贫困地区农村经济发展的路径探索、成效与思考［J］．农村金融研究，2017（08）：13 – 18.

103. 杨艳．市场细分理论下营销策略的搭建分析［J］．商业经济，2017（2）：31 – 33.

104. 李百华，刘上千，包彩凤．河北省农村互联网经济发展研究［J］．农村经济与科技，2017，05（28）：206 – 207.

105. 张滢．农村电商商业模式及其进化分析［J］．商业经济研究，2017（06）：161 – 163.

106. 杨永超．供给侧改革背景下我国农村电商发展动态及创新发展研究［J］．商业经济研究，2017（05）：58 – 60.

107. 王少辉．小生产对接大市场——农村电商的融合创新［J］．商业经济研究，2017（14）：130 – 132.

108. 王盈盈，谢漪，王敏．精准扶贫背景下农村电商关系网络与地方营造研究——以广东省五华县为例［J］．世界地理研究，2017（06）：119 – 130.

109. 本刊编辑部．开辟“互联网 + 农村电商”的精准扶贫模式浙江民宗委主任楼炳文访谈［J］．中国宗教，2017（11）：46 – 47.

110. 王小洪，刘纳新，张静，汤武．“金融服务站 + 互联网 + 农村电商”扶贫模式探析——基于湖南省炎陵县扶贫实践［J］．武汉金融，2017（11）：70 – 73.

111. 潘朝阳，聂清德．现代农村电商人才精准扶贫策略研究［J］．中国成人教育，2017（18）：157 – 160.

112. 陈晓琴，王钊．“互联网 +”背景下农村电商扶贫实施路径探讨［J］. 理论导刊，2017（05）：94－96.

113. 许加宏. 农村电商的扶贫强刺激效应：菏泽“淘宝镇”案例［J］. 金融发展研究，2017（01）：82－85.

114. 黄福华，龚瑞风，蒋雪林. 农村电商与农村物流协同发展模式研究——以湖南省为例［J］. 商业经济研究，2017（22）：114－116.

115. 陈婉婷. 基于大数据分析的农村电商物流最后一公里的配送问题研究［J］. 现代电子技术，2017（22）：39－41.

116. 裘涵. 农村电商运营：从策略到实战［M］，北京：电子工业出版社，2018，03.

117. 毕慧芳，黄颖. 农村电商新思维——农业创新营销模式设计［M］，北京：电子工业出版社，2018，04.

118. 李曼，李征坤，刘东阳，王先庆，叶祥松. 农村电商论［M］，北京：经济管理出版社，2018.

119. 陈建民. 农村电商实务［M］，湖南长沙：湖南大学出版社，2018.

120. 邵明. 国家电子商务发展丛书——乡村振兴与农村电商发展［M］，北京：化学工业出版社，2018.

121. 王天宇，申学清. 农村电商平台建设与研究［M］，北京：机械工业出版社，2018.

122. 许安心. 农村电商前沿研究［M］，北京：新华出版社，2018.

123. 张艳. 电子商务与物流管理［M］，北京：中国纺织出版社，2018.

124. 兰宜生，刘婷. 电子商务物流管理（第2版）［M］，北京：北京师范大学出版社，2018.

125. 余曼琳. 基于“互联网＋”的青岛市农业电商发展研究［D］. 山东理工大学，2018.

126. 桑林．长治市农村电商助力精准扶贫模式的研究［D］．山西农业大学，2018.

127. 曹宝．延安市农村电商扶贫中政府作用研究［D］．延安大学，2018.

128. 尹思筠．农村电商精准扶贫的机制及发展路径研究［D］．烟台大学，2018.

129. 仇乾阳．“三农问题”突出背景下的农村电商促进扶贫研究——以乐清市大荆镇为例［D］．浙江海洋大学，2018.

130. 阚倩．创新扩散视域下农村电商扶贫的信息传播研究——基于安徽省砀山县的调查分析［D］．安徽大学，2018.

131. 黄勇智．“互联网+”背景下无锡阳山农村经济发展对策研究［D］．中南林业科技大学，2018.

132. 张晓晓．丹江口市政府推动农村电商产业发展实证研究［D］．中南民族大学，2018.

133. 李英雪．河北省农村电商商业模式影响因素研究［D］．河北经贸大学，2018.

134. 单兆赓．徐州市睢宁县农村电商发展策略研究——基于“沙集模式”的调研分析［D］．云南师范大学，2018.

135. 吴成杰．湖南省农村电商扶贫模式及内在机理研究［D］．中南民族大学，2018.

136. 胡静文．江陵县农村电商发展对策研究［D］．广东海洋大学，2018.

137. 吴志全．长春地区农村电商发展研究［D］．吉林大学，2018.

138. 杨璐．农村电商逆向物流网络研究［D］．东南大学，2018.

139. 孙语聪．电商末端物流服务质量对农村居民网购行为影响研究——以吉林省为例［D］．吉林大学，2018.

140. 白雅玺，臧海霞．互联网对农村经济发展的影响研究［J］．

乡村科技，2018（31）：40 +42.

141. 陈嘉欣，李丹．互联网资源下探索振兴农村经济以实现精准扶贫之策略［J］．辽宁科技学院学报，2018（05）：83 –84.

142. 王云龙．“互联网 +”在农村经济转型中发展及作用［J］．纳税，2018（24）：248.

143. 熊婧涵．“互联网 +”背景下农村经济发展模式探究——以江西省为例［J］．农村实用技术，2018（07）：3 –4.

144. 蓝海涛，周振．我国“互联网 + 农村经济”发展现状与政策建议［J］．宏观经济管理，2018（07）：31 –38 +65.

145. 王红红．基于供给侧结构性改革的淄博市农村电商发展思路［J］．商业经济研究，2018（08）：152 –153.

146. 于小燕．新形势下我国农村电商物流遭遇的瓶颈及破解路径［J］．对外经贸实务，2018（6）：85 –88.

147. 刘德武，刘昱岗．物流效率提升对农村电商发展的影响——基于农村经济发展角度［J］．商业经济研究，2018（23）：117 –119.

148. 华慧婷，郝渊晓．基于利润最大化的农村电商物流模式选择［J］．中国流通经济，2018（4）：70 –76.

149. 李坚强．农村电商集群发展的基本模式与路径选择研究［J］．农业经济，2018（1）：142 –144.

150. 石亚娟．农村电商的双边市场发展模式研究［J］．农业经济，2018（2）：143 –144.

151. 刘玉来．论我国农村电商主体的培育［J］．烟台大学学报（哲学社会科学版），2018（04）：115 –122.

152. 皮武良．试论新时代我国农村电商经济健康发展路径［J］．农业经济，2018（11）：141 –142.

153. 魏晓蓓，王淼．乡村振兴战略中农村电商聚集化“2 +”模式研究［J］．山东大学学报（哲学社会科学版），2018（06）：

130 – 137.

154. 刘静娴，沈文星．共建共治视角下农村电商发展模式研究［J］．人民论坛·学术前沿，2018（19）：100 – 103.

155. 余传明，郭亚静，龚雨田，黄漫宇，彭虎锋．基于主题时间模型的农村电商扶贫政策演化及地区差异分析［J］．数据分析与知识发现，2018（07）：34 – 45.

156. 宋湘琴，杜珩，郑君．基于SWOT分析法的农村电商扶贫战略研究——以渝东南地区为例［J］．农业经济，2018（06）：34 – 136.

157. 王鹤霏．农村电商扶贫发展存在的主要问题及对策研究［J］．经济纵横．2018（05）：102 – 106.

158. 余雪源，杨媛，张莹．基于精准扶贫的农村电商发展创新研究［J］．农业经济，2018（04）：129 – 131.

159. 颜强，王国丽，陈加友．农产品电商精准扶贫的路径与对策——以贵州贫困农村为例［J］．农村经济，2018（02）：45 – 51.

160. 黄海洲．电商扶贫创新与突破［M］，北京：中国科学技术大学出版社，2016.

161. 姚庆荣．电商扶贫：理论与实践［M］，北京：中国经济出版社，2019.

162. 黄敏芳．电子商务物流配送：车辆路径方案的智能生成方法［M］，北京：电子工业出版社，2019.

163. 陈庆．电子商务实战：网店运营［M］，四川成都：西南交通大学出版社，2019.

164. 朱利．农村电商扶贫中贫困户参与意愿及其影响因素研究［D］．西南科技大学，2019.

165. 徐天睿．乡村振兴战略背景下农村电商服务站发展现状的田野调查［D］．浙江工业大学，2019.

166. 王小龙．甘肃省庆阳市西峰区农村电商扶贫对策研究［D］．

兰州大学，2019.

167. 雷世文，杨俊孝，邓方江，殷小波．精准扶贫视角下新疆农村电商发展研究［J］．东北农业科学，2019（03）：88－91.

168. 周婕．精准扶贫下我国农村电商发展思考［J］．农业经济，2019（02）：137－138.

169. 陈晓旭，王翔宇，刘建晓．博弈视角下电商扶贫对农村生产企业发展的影响［J］．经济问题，2019（01）：84－91＋98.

170. 顿贝妮，刘琪．“互联网＋农业”时代农村特色经济如何发展转型——以洪湖市为例［J］．科技经济导刊，2019，27（25）：119.

171. 王婧玮．“互联网＋”环境下山东某镇农村经济发展研究［J］．农村经济与科技，2019，10（30）：167－215.

172. 李沂泓，张文豪．浅析互联网经济对农村经济发展的促进作用——以淘宝村为例［J］．山西农经，2019（07）：75－76.

173. 周平．“互联网＋”在农村经济中的应用探究［J］．山西农经，2019（04）：86.

174. 王雪．美丽乡村建设下互联网＋新型农村电商发展模式路径［J］．农业经济，2019（08）：141－142.

175. 陈宇．运用共享经济理念优化农村电商发展模式［J］．人民论坛，2019（8）：88－89.

176. 杨爱君．供给侧结构性改革视角下农村电商新发展［J］．农业经济，2019（5）：117－119.

177. 庞爱玲．乡村振兴战略下农村电商产业发展困境与路径［J］．农业经济，2109（7）：123－124.

178. 金勇，王柯．基于复杂科学管理的农村电商模式创新及策略［J］．江苏农业科学，2019，47（15）：81－85.

179. 邱泽国，杨毅．“互联网＋”背景下黑龙江省农村电商发展及对策［J］．商业经济研究，2019（2）：145－148.

180. 金恩焘，王瑞军，郑克强. 新时代农村电商治理机制、模式与路径 [J]. 农业经济，2019 (6)：129－131.

181. 宋丽敏. 共享物流视角下农村电商共同配送运作模式研究 [J]. 商业经济研究，2019 (8)：132－135.

182. 黄蔚，常荣荣，常瑞. 区块链技术视角下农村电商与物流的共生发展 [J]. 商业经济研究，2019 (6)：118－121.

183. 翟小可，吴祈宗. 基于 AHP——模糊综合评价的农村电商物流服务质量评价研究 [J]. 数学的实践与认识，2019 (5)：121－127.

184. 赵丽. 少数民族县域跨越式发展与电商扶贫开发 [M]，北京：中国社会科学出版社，2019.